JN439998

나를 분재하다

나를 분재하다

초판 1쇄 인쇄 | 2020년 11월 09일
지은이 | 배재록
펴낸이 | 이승훈
펴낸곳 | 해드림출판사
주 소 | 서울 영등포구 경인로82길 3-4(문래동1가 39)
센터플러스빌딩 1004호(07371)
전 화 | 02-2612-5552
팩 스 | 02-2688-5568
E-mail | jlee5059@hanmail.net

등록번호 제2013-000076
등록일자 2008년 9월 29일

ISBN 979-11-5634-431-5

배재록 두 번째 수필집

천혜의 자연에서 복제한 향수 같은
제2의 인생 수필집

나를 분재하다

해드림출판사

작가의 말 | 두 번째 수필집을 발간하면서

*

두 번째 수필집 『나를 분재하다』를 세상에 내놓는다. 연단鍊鍛하고 분재해 리모델링한 인생 이모작, 그 감흥을 쓴 자전적 수필집이다. 막상 내고 나니 강가에 내놓은 아이처럼 불안하다. 아직도 필력이 미흡해서 그렇지 싶다. 살아온 삶을 글로 표현하기까지는 용기가 필요했다. 특히 오랜 회사생활로 고갈된 영감을 수혈해서 책을 엮기까지 무척 힘들었다. 숨기고 싶은 자아와 결핍을 훤히 드러낸 내용은 자존심도 상하고 아렸다. 고백문학인 수필에 자기 미화가 다분히 수반되었기 때문에 그렇지 싶다. 울림의 글을 창작하기 위해 매너리즘에 저항하며 개성을 토해낸 수필집. 조금은 어눌하지만 가장 나다운 글, 내 안의 응어리를 고백하듯 집필했다. 노래는 구성져야 하고, 가락은 뽑아야 제멋이 난다 했다. 오랜 직장생활을 했던 내 영혼의 글맛이 딱딱하고 감흥이 덜 할 것 같아서 조심스럽다.

*

이 수필집은 산양이 사는 원시 자연환경이 있는 고향이 기저基底를 이루고 있다. 자연에 마음의 심지를 내려 자연인으로 성장한 두메산골 아이 때의 서정을 도용했다. 천혜의 자연에서 얻어낸 순수한 감정과 서정을 글로 옮겼다. 내 문학의 샘 왕피천, 맑은 영혼이 우렁우렁 흐르는 왕피천 풍경을 배경으로 글감이 만들어졌고, 원시자연의 동작을 복제해 글을 썼다.

자연인으로 살았던 유소년시절, 입신출세를 위해 공부에 몰입했던 학령기, 청춘을 헌신한 38년 현대중공업에서의 이야기들, 내 여정으로 살아가는 제2기 인생을 주제로 은은한 울림을 주는 자전적 수필집 집필에 심혈을 기울였다.

이를 소재로 아픔을 공감해주며 내면을 키우는 글쓰기에 전력했다. 거름이 부족한 글에 영양분을 투여했고, 자존심이 상해도 결핍과 치부의 옷까지 벗었다. 글감을 찾는 한량이가 되어 세상 곳곳을 순례했다. 창작의 무기인 언어의 미학과 문향의 근육을 키우려고 내장까지 짜냈다. 명민한 집필을 위해 글발 날렸던 옛 감성을 소환해 감수성을 수혈했다. 아름다운 추억이 서려있는 유년의 봇도랑에서 글감을 벌충했다. 그 봇도랑 물로 내 안의 이끼를 씻김질 하면서 고백의 글쓰기에 몰입했다. 때론 마음속에 호롱불로 어둠을 밝혀 비손하듯 수필집 엮기에 정진했다. 소가 여물을 되새김질하듯 다듬고 교정하며 탈고를 했다. 집필하면서 겪은 산고는 한 뼘 더 성장한 작가로 보람을 느끼게 했다.

*

촌철살인寸鐵殺人 글을 엮어 세상에 내놓는 생애 두 번째 수필집. 부끄럽지만 능력을 다해 꽃피운 수필집이라 마음이 놓인다. 척박한 감성으로 엮은 이 책이 작은 울림을 준다면 크나큰 보람으로 여길 것이다. 새 마디를 만들 제2집에 큰 사랑과 성원을 보내준 그대에게 이 책을 바친다. 소박한 글을 창작하는 명망 있는 작가가 되어 독자들 앞에 서고 싶다.

2020년 9월

배 재 록

목
차

2부 나를 분재하다 | 57

3부 떨켜를 만들다 | 87

4부 향수에 젖다 | 129

5부 유람을 떠나다 | 179

6부 얼굴을 읽다 | 223

1부

둥지를 일탈하다

도망을 치다

*

등산길에 앞서가던 누군가 벌집을 건드렸다. 경비 벌이 자폭을 하듯 살신성인으로 덤벼든다. 사람들은 무차별 공격하는 벌에 기겁해 혼비백산이다. 벌은 걸음아 나 살려라 비명 지르며 도망치는 사람을 집중 공격했다. 특히 화려한 등산복을 입고 짙은 화장을 한 여성이 입술에 쏘여 괴성을 지른다. 벌집을 공격당한 벌이 온몸을 던져서 충복하는 살신성인의 정신이 무섭다. 가족을 위해 목숨을 아끼지 않고 투신하는 벌의 용맹이 부럽다.

벌침은 산란용 관이 변한 것으로 독성이 강해 쏘이면 매우 고통스럽다. 만물의 영장 인간이 작은 곤충의 침이 겁이 나 도망치는 모습이 아이러니하다.

벌은 등을 돌리고 도망치는 사람을 우선 공격 대상으로 삼는다. 손이나 수건을 마구 휘저으며 도망치면 공격을 하는 줄 오해해 포악한 공격을 받는다. 몸을 낮추고 엎드려 얼굴을 가리고 있으면 공격하지 않는다. 자신을 공격할 의사가 없고 약자에게는 아량을 베풀기 때문이다. 위급 상황에는 몸을 낮추어야 벌침을 피할 수 있다. 성난 벌도 침입자를 가려서 공격하나 보다.

*

반백 년 넘게 살면서 도망은 시작을 알리는 신호였지 싶다. 유소년은 두메산골이라 늘 주변 환경의 위협을 받으며 살았다. 특히 악천후 때나 야생동물로부터 자신을 보호하기 위해 도망은 위기 모면의 수단이었다. 독을 가진 독사나 살모사와 마주치면 물러서지 않고 겁 없이 공격해온다. 멧돼지도 야생의 왕자답게 쉽게 도망치지 않고 마구 덤빈다. 맹수는 사람을 두려워하고 위협을 느끼면서도 자기 방어를 위해 반사적으로 덤빈다. 맹수는 사람이 해코지하지 않으면 먼저 공격하지 않는다. 적으로부터 공격을 받으면 본능적으로 덤비는 속성이 있다. 맹수가 무서운 이유다. 사람과 짐승이 서로 마주치면 약육강식의 결판을 내야 한다. 사람에게 들킨 맹수는 나중에라도 죽음을 면할 수 없다. 사람의 눈에 띄지 않는 장소로 도망치면 살지만, 위치가 알려지게 되면 나중에라도 들켜서 죽음을 피할 수 없다.

대를 이어 내려온 가난에서 벗어나기 위해 중고교 학령기에면 소재지와 부산으로 도망쳐서 열심히 공부를 했다.

대학 진학을 잠시 유보하고 상승 욕구 충족을 위해 산업전선으로 도망쳤다. 더 넓은 세계로 도망치기 위해 주경야독을 했다. 대학 졸업 후에는 제약이 많아 도망치기가 녹록하지 않았다. 석유회사 연구실로 도망칠 기회를 5년 산업체 복무가 막았고, 결혼으로 더는 도망치지 못했다. 넓은 세계를 눈앞에 두고도 도망치지 못하고 한 직장에서 몸을 낮추고 38년 근무를 했다.

말년에 인생 이모작을 위해 도망치듯 명퇴를 했다. 반백 년이 넘게 도망을 꿈꾸고 살았지만, 이제는 도망칠 용기마저 사라져가고 있다.

수없이 도망을 치려고 시도했지만 전부 다 성공한 것은 아니었다. 도망치기의 성공 여부를 떠나 시도를 함으로써 괄목할만한 변화를 가져왔다. 현실에서 도망을 치는 일은 더 나은 미래를 위해 통과의례처럼 이루어졌다.

*

불혹 때 견딜 수 없는 권태의 올무에 걸려 가정을 도망친 적이 있었다. 세상이 온통 부정으로 보이고, 방황을 견디지 못해 한때 집에서 도망쳤다. 순진한 남자의 바람기는 태풍처럼 불어닥쳤다. 파랑새가 물어다 줄 희망을 찾아 불혹의 열병을 앓기 시작했다. 막상 도망쳤지만, 사행성 엇길로 쉽게 빠져들었다. 위기였지만 나 스스로가 위기를 느끼지 못하고 마법에 걸린 듯 유혹만 좇아 방황하면서, 내 안에 들어선 욕망의 물결이 요동을 쳤다. 힘들여서 가꾼 삶의 밭은 송두리째 파헤쳐졌다. 밤거리에서 만난 유흥에 타락의 날개를 달았다. 엇길은 쉽게 빠져나오기 어려운 미로였다. 하나의 함정에서 뒷걸음치자 또 다른 함정이 기다리고 있었다. 발을 다시 돌리기엔 허약했지만, 마음을 가다듬어 오체투지로 도망 나왔다. 태풍이 지나가고 파랑새가 없다는 사실을 깨달은 도망자는 큰 후회를 했다. 다시 맡은 삶의 냄새가 향기로 다가왔다. 인생의 맛을 알게 한 도망이었다. 정신을 차려서 살다가도 는적거리는 현실에서 도망치고 싶을 때가 많다. 어쩔 수 없는 위기가 닥쳐와도 호전될 때까지 인내하고 기다림이 필요했다. 큰 아픔 뒤에 맞이한 반성과 후회는 성숙을 위한 소중한 마중물이 되었다.

*

세월이 지나 회사에 위기가 닥치자 어쩔 수 없다며 명예퇴직 명목으로 도망을 치라고 강압했다. 불황으로 회사기 어려우니 알아서 도망치라 권했다. 나이순으로 줄 세워 도망을 치라고 몰아갔다. 회사의 위기를 내세워 강제로 도망 지수를 높였다. 살아남아 밥벌이를 위해 몸부림을 치고 싶어도 도망자로 만들었다. 꿈의 직장을 도망쳐 나올 때는 마음이 아렸다. 떠밀려서 도망치는 일이 내 자존심을 건드렸지만 별도리가 없었다.

도망을 못 치고 한 직장에 너무 오래 있어 그랬지 싶었다. 정년을 보장해 줄 거라 믿고 안주하다 떠밀렸으니 쓴맛을 볼 수밖에 없었다. 배터리가 닳기 전에 회사를 도망쳐 나왔다. 남은 에너지로도 이모작이 충분해 등을 돌렸다. 몸을 낮추고 호흡음을 내며 도망쳐 제2기 인생을 시작했다.

*

사람은 마음의 갈등을 해소시켜 평정심을 찾으려는 방편으로 도망을 친다. 살면서 '확 때려 치고 싶다'는 생각을 해보지 않는 사람은 드물지 싶다. 현실에서 도망치지 않으면 견딜 수 없는 상황이 지속될 때 행동에 옮긴다.

일, 인간관계, 책임, 걱정과 두려움에 도망을 칠 때는 매우 신중해야 한다. 도망은 꿈까지 포기하는 겁쟁이들의 전유물도 삼십육계 줄행랑도 아니다. 도망은 영리해야 하고 내공이 깊어야 한다. 전부를 걸 배짱과 의지가 있어야 한다. 절박함과 준비가 되어 있지 않았다면 함부로 도망치면 안 된다.

도망은 매몰차게 등을 돌려 물러서는 동작이다. 현재에서 벗어나려는 욕망이기도 하다, 그렇다고 비겁하게 줄행랑치는 도망자는 되지 말아야 한다.

모반감謀叛感과 낭만을 즐기는 여행도 일종의 도망이다. 누구나 노후에 여행이나 다니면서 유랑하고 싶다는 욕망을 가지지만 이루기가 쉽지 않다. 오죽하면 여행을 도망이라 표현했을까. 잠시 멈추어 생각하면 세상을 바라볼 수 있는 여유가 있고, 잘못을 바로잡을 수 있는 기회를 포착할 수 있다.

나이 들면 도망에 냉정해야 하고, 도망을 쳐도 제자리로 돌아오기 어렵다. 사사로운 것에 마음이 끌려 도망치는 일을 경계해야 한다. 정과 이해, 두려움, 회의와 외로움에 흔들려 도망치는 빌미를 주지 않을 것이다.

도망은 어쩌면 참담하고 통한의 아픔에서 꽃으로 피어나는 과정이지 싶다. 도망에 성공한다면 인생의 전환점이 될 수 있고 좋은 마디를 만들 수 있다. 또 도망쳐 정착하지 못하고 실패할 가능성이 있음을 염두 해 두어야 한다. 성난 벌을 피하듯 몸을 낮추고 무모하게 도망치지 말아야 한다. 남은 인생 중에서 도망은 어떤 빌미로 유혹을 할지 염려가 된다.

둥지를 일탈하다

*

우리 집 마당에 둥지를 일탈한 벚꽃이 바람에 날아와 마구 나뒹굴고 있다. 도롯가에 즐비한 벚나무에서 일탈한 꽃잎이 마당에 날아와서 깔렸지 싶다. 아직 벚나무에 남아 화르르 피어 자태를 뽐내고 있는 꽃잎과 같은 부류다. 바람에 뒹구는 꽃잎이 도로를 덮고 마당을 무단 점령해 시위를 하고 있다.

꽃잎의 일탈은 입신출세가 아니다. 연두색 새잎을 틔우려고 비운 것이다. 파문을 일으키며 낙화하는 꽃잎은 나비 날갯짓처럼 사뿐히 내려앉았다. 둥지를 일탈한 꽃잎의 영혼도 그렇게 날갯짓을 하면서 날고 싶었나 보다. 회색 시멘트 바닥에 마구 떨어진 꽃잎이 뒤집히며 은밀한 속살을 드러낸다. 바닥에 뒹구는 꽃잎은 천사처럼 옷고름을 풀어 야하게 활보하고 있다.

산들바람이 꽃잎을 흔들며 마술을 부린다. 바람이 조종하는 대로 꽃잎의 율동은 화려한 퍼포먼스를 연출한다. 어떤 꽃잎은 사람 발에 밟히고 차바퀴에 눌려 흉측하게 뭉개졌다. 꽃잎은 망가져도 화려함을 잃지 않는다. 하늘하늘 흰 살결 드러내며 흉측하게 망가져 사라지는 꽃잎을 보면 아리다.

*

나풀나풀 춤을 추는 꽃잎이 내 마음속에도 사뿐사뿐 내려앉아 흥을 일으키고 기쁨을 일으킨다. 마당에 눈송이가 내리듯 사뿐히 꽃비가 되어 내려앉아 한 폭의 동양화를 그린다. 온몸으로 화르르 꽃피어나 세상을 아름답게 꾸린 꽃잎이 둥지를 일탈해 어디로 가는 걸까? 아마도 천사가 되어 봄 가마 타고 구중궁궐로 가지 싶다.

벚꽃 흩날리는 마당에 내 마음도 나풀거리며 춤을 추는 이유는 왜일까? 둥지를 일탈한 꽃잎이 꿈을 이루어 덩달아 춤사위를 하고 있다.

행여나 차바퀴나 발에 밟힐세라 꽃잎을 빗자루로 쓸어 한 장소에 모았다. 꽃잎은 빗자루에 쉬이 쓸리지 않으려는 몸짓으로 이리저리 잘도 피해 간다. 구속과 멍에의 속박에서 일탈하려고 발버둥 치는 몸부림이 애잔해 보인다.

꽃잎은 자유를 찾아 훨훨 날 수 있는 매의 눈과 넓은 혜안을 가졌지 싶다. 빗질에 쉬이 쓸리지 않고 자유를 찾기 위해 몸부림을 치고 있는지 모른다. 어렵게 얻은 일탈의 자유를 쉬이 놓치지 않겠다는 강한 반항이다.

일탈한 꽃잎을 함부로 건드리면 분노의 하얀색을 띠며 항거한다. 자유를 향해 일탈하려는 자신의 길을 방해하면 하얗게 질려 분노하고 있는 것이다. 꽃잎이 훨훨 날아 둥지를 떠나고 나면 연두색 잎이 돋아날 것이다. 둥지를 떠난 이유를 미리 알고 떠났기에 훨훨 날아갔지 싶다. 할 일을 다하고 떠나는 꽃잎은 그래서 숭고하고 추앙받는다. 뭇 생명체는 몸으로 새끼를 낳지만, 벚나무는 꽃이 일탈해야 잎을 낳을 수 있는 것이다.

*

한 무리 꽃잎이 마치 점령군처럼 마당을 횡단해 구석에 날아가 안착했다. 자신의 생을 마감할 좋은 터를 잡기 위하여 조용한 구석으로 날아갔지 싶다. 다음 생에서 꽃으로 환생하기 위해 원하는 길을 찾아 날아갔는지 모른다. 생명체는 시간과 함께 파멸로 향하지만, 꽃잎은 환생의 꿈을 잃지 않는다.

일탈하지 못해 흘금거리는 눈치로 벚나무에 붙어있는 꽃잎들도 여럿이다. 자신이 떠나야 할 때를 망각한 채 일탈하지 못하고 있는 꽃잎이 가련하다. 바람이 불 때마다 잎을 흔들며 부끄러운 고백이라도 할 자세다. 쉬이 꽃잎을 떨구기가 싫어 아집으로 버티고 있나 보다. 어쩌면 욕심이 과하거나 쉽게 유혹당하지 않는 자존감을 가지고 있기 때문일 것이다. 스스로 미래를 예상하지 못하고 현실에 안주해 그냥 눌러앉아 있는지도 모른다. 나뭇가지 끝에 걸려 오열하는 꽃잎이 제 운명을 망각한 채 반항하고 있다. 아직 때가 아니라며 버티는 꽃잎은 비바람이 불어도 쉬이 떨어지지 않는다. 돋아날 잎이 싫어 질투를 하고 있는지 모른다. 자유를 즐기기 위해 결혼하기 싫다고 버티는 요즘 젊은 세대를 닮아서 그런지도 알 수가 없다.

*

산들바람에 실려 어디론가 일탈하는 꽃잎을 보며 내 사춘기를 소환한다. 교복에 달린 실밥처럼 풀려 어디론가 일탈하고 싶었던 단추처럼 내 사춘기 반항은 강렬했다. 두메산골에 갇혀 보낸 사춘기는 항상 일탈을 꿈꾸었다. 세상에 고립되고 문화가 차단된 한 산골 아이가 동경하는 곳은 도회지였다. 일탈로 치닫던 강렬한 반항과 방황은 어머니 올무에 씌워져 꼼짝을 못 했다. 어머니는 단추가 실밥에서 떨어지기 전에 나를 불러 세웠다. 마른논이 갈라진 것처럼 투박한 손길로 내 일탈의 단추를 꽁꽁 묶어 버렸다. 그렇게 내 사춘기는 일탈도 없이 바람처럼 조용히 지나가고 말았다.

격한 가슴앓이와 아픔을 겪어 전환점을 맞는 일탈을 지나친 것은 내 인생의 바보짓이었다. 일탈의 사명은 아픔과 절망을 통해 알지 못한 인생을 깨닫게 하는데 있기 때문인데 나는 그런 기회를 놓친 것이다. 나는 오랜 시간 대기업 옷을 입고 있으면 안전하다는 사고에 갇혀 있었다. 그곳이 안전하다고 여겨 일탈하지 못한 채 한 곳에서 쳇바퀴 돌 듯 살았다. 가두어진 편협함 탓에 나 자신을 일탈할 기회도 포착하지 못한 채 보냈다. 살아가는 일상이 속도와 연결되어 제대로 나를 제때 돌아보지 못한 탓이다. 어두운 시대라 억압과 구속에 묶여 자유를 잃었다. 반항은 체벌과 해고로 이어지기에 복종했다. 노동조합이 없었던 어두운 시대는 운명처럼 회사의 노예가 되어 제대로 반항 한 번 하지 못했다. 출근을 하며 간과 쓸개를 정문에 맡겨 놓았다 퇴근하면서 찾아갔다. 명령에 따르고 굴복하며 살았다. 민주화 물결은 노동해방을 가져왔을 때 원 없이 반항했다. 손을 높이 들고 노동가를 부르며 강력히 투쟁했다. 억눌러진 자유를 향한 포효를 외치며 무소불위 권력에 항거했다. 눌림에 기지개를 켜기 위해 몸부림치며 시위했다.

*

실바람에 실려 일탈한 꽃잎처럼 명퇴를 등에 업고 둥지를 일탈했다. 낙화하는 꽃잎처럼 떠날 때를 미리 알고 준비를 하지 못했다. 하지만 지난 시간을 헤아리고 내일을 질문해 보며 무릎 곧게 펴고 길을 가고 있다. 할 일을 다 하고 홀연히 사라진 하얀 꽃잎처럼 남은 삶을 꽃잎처럼 살다 갈 것이다.

화려했던 꽃잎이 흔적도 없이 사라진 나무에는 쓸쓸한 산들바람이 분다. 꽃잎은 떠난 곳을 알려 주지 않고 자신만 아는 세상으로 훌쩍 떠났지 싶다. 꽃은 필 때도 소리 없이 피더니만 질 때도 한마디 말도 없이 훌쩍 떠났다. 시간의 지느러미를 타고 그렇게 화려하게 낙화하고 말았다. 마당에 뒹구는 꽃잎이 수건을 머리에 쓰고 밭이랑에서 일하는 어머니처럼 정답다. 꽃잎은 발에 짓밟히고 바퀴에 짓눌렸지만, 정결한 어머니 냄새를 풍긴다.

잎을 만들기 위해서 그렇게 화려한 꽃을 피워 세상에 소문을 냈나 보다. 화려함은 살아남기 위한 몸부림이라 생각하니 연민이 잔잔하게 밀려든다. 꽃잎이 일탈한 자리는 연두색과 초록색 잎이 나무에 옷을 입혀줄 것이다. 종족 번식을 위해 잎을 만드는 꽃잎을 위해 만장이라도 달아주고 싶다. 꽃잎이 화려한 만큼 잎은 창궐할 것이고, 울창한 숲을 이룰 것이다.

세상살이는 둥지를 일탈해야 비로소 새롭게 출발을 할 수 있는 것이다. 때가 되면 한 번쯤 둥지를 일탈할 것이다. 꽃잎처럼 그렇게 낙화할 것이다.

마늘 까기

*

가을 햇볕이 유난히 따갑게 내리쬐는 날, 옥상 마루에 앉아 마늘을 깐다. 마늘 속에 신비한 보물이라도 들어있는 양 마늘 껍질을 벗기기 시작한다. 줄기는 일편단심으로 마늘을 감싸고 있다. 그 마늘 줄기는 이 세상의 모든 부모님의 숭고한 모습이지 싶다. 줄기가 말랐지만 마늘을 감싸고도는 일편단심 모성애가 작은 감동을 흡인한다.

마늘 줄기를 낫으로 베자 기생했던 뽀얀 먼지가 날리며 마늘과 이별한다. 먼지의 반항은 살신성인으로 붙어서 살았던 마늘과 이별이 싫다는 시위다. 껍질에 불그스레한 색을 띠며 극렬하게 반항하자 두려움이 일어난다. 피를 흘리며 항거를 하는 듯 마늘이 냄새를 내뿜으며 극렬하게 거세한다. 지나치게 관념적으로 생각하는 것일까. 마늘의 영혼이 눈앞에 어른거린다.

질긴 수염 같이 생겨서 마늘을 감싸고 있던 뿌리를 자르자 마늘만 남았다. 마늘 알이 따개비 같이 단단히 붙어있어 떼기가 무척 힘들다. 혈육끼리 헤어지지 말자 맹세라도 한 듯 뿌리를 중심으로 단단히 뭉쳐있다. 살아오며 서로가 어깨를 내주며 상처를 껴안고, 가족을 만들었을 것이다. 마늘은 조직이 점질성이라 생명력이 강하고 탈취 성분이 뛰어나다. 마늘이 건강식품으로 뛰어난 효력을 지니고 있는 비결을 짐작할 것 같다.

*

줄기를 자르고 뿌리까지 잘린 통마늘은 예닐곱 남매들이 똘똘 뭉쳐있다. 마늘 알이 여럿인 것은 매사에 똘똘 뭉쳐서 시너지를 발휘하기 위함이다. 생김새가 조금 다른 알갱이가 저마다 촘촘하게 붙어 가족을 이루고 있다. 살이 통통한 마늘부터 굵게 자란 마늘까지 마치 경쟁적으로 붙어있다. 추운 겨울을 견뎌내기 위하여 마늘은 그렇게 뭉쳐 있는지도 모른다. 한 알을 깔 때마다 몸에 촘촘히 박혀있는 눈들이 이별처럼 애잔하다. 떨어질 때 나는 소리는 이별의 통곡이고, 결은 눈물자국이다.

마늘을 볼 때마다 형제는 용감하다는 문구가 떠오른다. 차디찬 혹한의 눈보라 속에서도 파란색 싹을 선보일 만큼 강하게 자란 마늘이기에 맵다. 삶이 강한 만큼 마늘의 향과 효능도 그만큼 짙고 뛰어나지 싶다.

마늘 몸체에 덧나게 붙어있는 나약한 마늘이 가냘픈 몸매로 관심을 끈다. 어떤 마늘은 병이들어 누렇게 곪아 있다. 얼마나 힘들었으면 변색 되어 갈까. 절박한 생존 본능이 읽힌다. 환자를 곁에 두고 형제들이 얼마나 가슴 조였을지 상상이 가고도 남는다. 말이 없다고 안 아픈 것은 아니다. 말 못 하는 마늘의 고통이 읽혀진다. 아프지 않고 이룬 일은 없는 법이다. 세상만사는 아픔 뒤에 새롭게 태어나는 법이다. 아픈 만큼 정을 떼기가 어려운 마늘이다. 그 정을 무기로 세상에 다시 태어나는 것이다. 다시 태어나기 위해 자신에게 남은 에너지를 총 결집해 생존을 위해 몸부림치고 있을 것이다. 몸통에서 떼어진 쪽마늘이 생이별이 서러워 눈물 같은 냄새를 풍긴다.

*

마늘을 까면서 고향집 벽에 걸린 묵직한 내 혈육의 가족사진을 떠올렸다. 육 남매도 한때 마늘처럼 두메산골에서 부모의 보호를 받으며 함께 살았다. 부모님은 매서운 가난을 잘 견뎌내고 마늘처럼 강하게 길렀다. 가난의 향기를 마중물로 굴곡의 세파를 헤치며 저마다 건실하게 성장했다.

오랫동안 빛바랜 육 남매가 찍은 흑백사진이 고향집 벽면에 기념비처럼 걸려 있었다. 금방이라도 유리 액자를 뛰쳐나와 한바탕 춤사위라도 덩실덩실 출 기세였다. 파리똥이 묻었지만, 행복한 미소를 짓고 있어 걸작이었다.

부모님은 모두 여덟 자식을 두었지만 둘은 몹쓸 병으로 잃었다. 강렬했던 모성애를 발휘했음에도 불구하고 자식 모두 지켜

주지 못했다. 부모는 품위 있고 고결한 단어다. 사라져간 젖빛 내음을 차용하게 한다. 번지수도 없는 보릿고개를 넘기며 배고파 보채는 여섯 피붙이에게 먹인 젖빛 내음이 배어난다. 홍시같이 물러빠진 젖을 빨며 보채는 자식들은 어머니 복장을 아프게 했다. 얼굴에 묻은 코딱지와 엉덩이에 묻은 똥 찌끼를 소나무 껍질처럼 갈라진 손으로 닦아주던 모성애가 밀려온다.

사진은 밝은 미소로 웃고 있는 육 남매의 옛 모습 그대로 보여주고 있다. 벗어날 기미가 없는 가난은 마늘을 떼듯이 형제들을 등지게 했다. 사춘기를 전후해 육 남매는 마늘처럼 각자 도회지로 뿔뿔이 흩어졌다. 정든 고향집이 보이는 고갯마루를 넘으며 흘린 눈물은 묵직한 혈육의 정을 잊지 않고 꼭 성공해 귀향하겠다는 맹세의 표시였다.

*

마늘 알을 까자 자극을 주는 아릿한 냄새를 내며 정체를 서서히 드러낸다. 시간이 지날수록 강한 마늘의 멀미에 취해서 뱃속이 거북해지기 시작한다. 마늘처럼 아릿한 냄새를 하나쯤 지니고 있었으면 좋겠다는 생각이 든다. 독종이라야 살아남는 세상을 살기 위해 가끔은 필요하다.

몸에 두르고 있는 껍질이 너무 강력해서 쉽게 벗겨지지 않는다. 장갑을 끼고 식칼로 뿌리를 잘라내며 껍질을 벗겼다. 마늘을 쉽게 까는 방법을 여럿 알고 있지만 익숙한 재래식 방법을 택했다. 껍질을 벗고 나온 마늘이 뽀얀 속살을 보인다. 비닐장갑 대신 면장갑을 낀 것이 화근이 된 걸까? 면장갑에 스며든 독성이 손가락에 묻어 불에 덴 듯 통증이 온다. 식초로 씻어도 통증은 여전하다. 얼음찜질을 하자 통증은 잠시 멈칫했다. 살갗을 파고들고 몸에 스며들어 매운맛이 어떤지 나를 대상으로 제대로 보여주기 시작한다.

손가락 통증이 고통스러운 것은 독성에 대응해 치열하게 싸움박질하느라 아픈 것이다. 자연스레 조절과 동화작용이 일어나 통증이 일어난 것이다. 손가락 끝에 아려오는 통증은 슬픈 눈물을 잊지 말라는 경계의 부적이다. 연이 역풍에 높게 날 듯 통증이란 역풍을 통해 더 성숙해 가고 있지 싶다. 인생을 한 줄 문장이라 한다면 고통은 작은 쉼표에 불과하다. 아파도 둥근 마늘 가슴에 자꾸만 손이 가는 나는 그 열정을 탐하고 싶은 욕구 때문이다.

면장갑 대신 비닐장갑을 끼고 마늘을 까자 통증이 생기지 않았다. 마늘이 100가지 이롭다는 일해백리一害百利 이유를 조금 알 것 같다. 마늘이 비린내를 없애주고, 식욕 증진 효과가 있어 양념으로 인기를 누리나 보다. 세계 10대 건강식품으로 선정될 정도로 한국산 마늘 효능이 뛰어나다니 놀랍다. 전문가들이 선정한 최고 건강식품 20가지로 뽑힌 것도 놀랄 일이 아니다.

마늘은 한민족의 단군신화에도 등장하는 전설 속의 음식이다. 곰은 백일 동안 햇살을 보지 않고 생소한 쑥과 마늘만 먹고 견디며 환웅을 만들어 냈다. 한편 고대 이집트 때는 마늘이 정력과 원기를 보하는 강장제로 사용했다. 양기가 강한 마늘은 금욕적 수도자에게 쾌락을 일으키기 때문에 멀리한다. 그래서 귀신을 내쫓는 괴력 때문에 제사상에 마늘을 올리지 않는다.

*

드디어 까다로운 마늘 까기를 마쳤다. 강력한 형제애로 똘똘 뭉친 마늘을 강제로 떼어 내는 일은 쉽지 않았다. 저항하며 손가락을 아리게 했던 마늘 알이 백옥처럼 하얀 속살을 드러내며 식탐을 종용한다. 내 몸 안의 잡귀들을 죄다 물리쳐줄 것 같은 요염한 자태로 강력한 에너지를 불어넣어 준다. 먹으면 전설 속의 생명을 만들어 냈고, 쾌락을 일으킨다는 마늘이 신령하다.

내 인생의 껍질도 함께 벗겼다. 유난히 흰 살색이 마늘의 삶과 겹친다. 나를 괴롭히던 고통이 슬며시 마늘의 알사한 냄새 속으로 빨려 들어간다. 어느새 몸속에 자리 잡은 마늘이 안의 잡귀를 죄다 몰아낸 듯 시원하다.

마음속에도 잡귀를 쫓아내는 마늘을 키우고 싶다.

울산도깨비바늘의 출세

*

우리 집 앞에 있는 다랑논처럼 높고 경사지게 만든 공터의 쓰레기를 치웠다. 경칩인데도 공터에는 연초록 풀이 돋아나 눈이 시원하다. 겨우내 새순을 만든 개나리도 곧 꽃망울을 터뜨릴 듯이 역동적으로 보인다. 마치 자연을 마당에 들여놓은 것 같다.

누군가 옷에 붙어와 공터에 터를 잡은 도깨비바늘. 울산 바닷가에서 처음 발견되었다 해서 울산도깨비바늘이라 부르고 있다. 지난해 가을에 핀 꽃봉오리가 깡마른 주걱 모양을 하고 공터에 포진하고 있다. 열매가 가시처럼 날카로워 옆에 사는 나무들조차 싫어하는 눈치다. 거들떠보지도 않아 외로움을 많이 타 보이지만 일탈의 기회를 노리고 있는 것 같다. 꿋꿋하게 버티고 있는 것 같은 울산도깨비바늘이 열매를 여럿 달고 바람에 서걱거리며 햇살을 핥고 있다. 나를 숙주로 삼을 요량인가. 이름처럼 고약하게 후드득 몸에 달라붙을 요술을 부리며 호시탐탐 기회를 노리고 있는 것 같다. 후미진 곳도, 버려진 땅도, 잡초들이 득실거리는 곳이라도 마다하지 않는다. 종족 보존을 위해 수더분하게 자라는 도깨비바늘. 비록 가난해도 여섯 자식이 잘 되기를 정성을 다하신 부모님 마음을 헤아리게 한다.

*

울산도깨비바늘이 바람에 흔들리며 유혹한다. 흔들려야 알아주는가 보다. 뭇 곤충들을 유혹했듯이 내가 다가오도록 우수 어린 모습을 하고 있다. 주걱 모양 꽃봉오리가 시들고 꽃술이 바늘처럼 변해 바람에 흔들리고 있다. 꽃은 지고 몽당 빗자루 모양의 씨앗이 익으면서 불꽃놀이처럼 퍼졌지 싶다.

까끄라기를 단 도깨비바늘이 긴 손을 뻗쳐 여전히 내 옷을 노리고 있다. 도둑놈 갈고리로 몰래 옷에 붙어 여차하면 멀리 도망칠 채비를 하고 있다. 생존과 종족 번식을 위해 도둑이 돼야 하는 운명이 기구하지만 이해가 된다. 도깨비바늘이라 부르는 것은 옷을 도깨비한테 도둑맞았기 때문에 붙인 이름이 아닌가. 내 어릴 적에는 도깨비바늘이 옷에 붙으면 '도둑놈 붙었다.'고 말했다. 워낙 많이 붙어버려서 옷을 내다 버릴 지경에 되었기 때문이다. 떼지 않고 자면 도깨비가 옷을 벗겨간다는 미신이 있는 식물이다.

강한 햇볕에 반사된 울산도깨비바늘이 집념으로 유혹한다. 꼬드김에 넘어가면 옷에 붙는다는 사실을 알면서 쓰레기를 치우며 스쳤다. 거짓말같이 내 옷에 도깨비처럼 달라붙은 긴 바늘이 현기증을 일으킨다. 꽃말이 '흥분'이어서 그런지 보는 순간 혐오증을 일으키도록 유인한다. 나도 모르게 옷에 붙어 쏘는 땅벌 쫓듯이 한참이나 손으로 마구 털어냈다. 장갑을 벗어 차분하게 바늘을 털어내 보지만 쉽게 떨어지지 않는다. 숙주를 만난 것처럼 좀처럼 떨어지지 않고 오래 버틴다. 화살 모양의 도깨비바늘이 몸에 붙어 이제는 몸속으로 파고들기 시작한다. 가시가 섬유 올을 단단히 쥔 듯 안 떨어지겠다며 파고드는 갓난아이 같다. 도깨비바늘을 발견하면 신경질적으로 털어버리거나 뽑아버리면 도깨비바늘은 다음 해 그 자리에서 떨어져 싹을 틔우고 기하급수적으로 자라날 것이다.

내가 다른데 한눈파는 사이 바지 하단에 슬쩍 들러붙은 도깨비바늘. 다 뗐다고 생각했는데 도깨비처럼 엉덩이에 붙어서 둥지 일탈에 성공했다. 내가 떼 내면 종자를 퍼뜨려주는 꼴이 되니 버리고도 베푸는 격이 되었다. 자신이 낳은 긴 열매를 멀리 보내겠다며 꾸었던 꿈이 성공을 거둔 것이다. 도둑질은 사람만 하는 것이 아닌가 보다. 의외의 도둑놈한테 당한 꼴이다. 도둑질도 거미처럼 줄을 치고 걸려들어야 비로소 슬쩍 몸에 붙는 식이다. 과정은 유치하지만 결과는 갈채를 받는 도둑놈이다. 가만히 있는데 건드렸다며 빡빡 우기며 자신은 결코 잘못이 없다고 오리발을 내미는 도둑이다. 갓 털 모양의 까끄라기를 일부러 옷에 붙여놓은 듯 꼼짝달싹하지 않는다. 나를 이용해 몰래 종족을 멀리 퍼뜨린 울산도깨비바늘다운 발상이다. 부디 바늘을 좋은 곳으로 보내 달라고 참선에든 구도의 몸짓처럼 달라붙어 있다. 당한 사실을 알고 나니 기분이 썩 좋지 않다. 죄를 묻는다면 바짓가랑이를 무단 침범해 단단히 붙잡고 버틴 것뿐이라 역지사지하니 괜찮다.

*

옷을 털면서 잡힌 일년초 울산도깨비바늘이 내 손아귀에 여럿 들어 있다. 작은 울산도깨비바늘이 일탈을 위해 몸부림을 치고 있는 듯 처연해 보인다. 자식만큼은 가난의 DNA를 끊게 하고 싶었을 것이다. 열매가 열리면 어미처럼 살지 않게 하려고 일부러 몸에 들러붙어 일탈을 훈육했는지도 모른다. 자식을 좋은 터에서 살게 하려고 씨앗 끝에 집게 바늘을 만들었지 싶다. 운명을 탓하지 않고 스스로 삶을 만들어가는 모습이 열매에 서려 있다.

울산도깨비바늘의 소망이 내 옷에 붙음으로써 마침내 이루어졌다. 이찌면 내가 도깨비바늘 가까이에서 청소를 하고 있을 때 알아봤는지도 모른다. 한량의 관처럼 생긴 모체에 매달려 내가 오기를 애타게 기다렸지 싶다. 내 손에서 일탈해 땅속에 묻히고 싶어서 인지도 모른다. 비옥한 땅속에서 구중궁궐처럼 살고 싶었는지도 모른다. 그곳에 터를 잡아 새싹을 키워내 마침내 출세 소리를 듣고 싶었을 게다. 낯선 곳에서 혈혈단신으로 종족을 이룰 원대한 꿈을 꾸고 있는지 모른다. 나는 울산도깨비바늘 열매를 아파트 근처 숲 귀퉁이에 뿌려 주었다. 드디어 울산도깨비바늘은 자신의 열매를 먼 곳에다 퍼트리는 사명을 완수했다. 내 몸에 붙어서 자손을 퍼트렸으니 출세한 것이다. 마른 꼬투리를 흔들며 쾌재를 부르며 자축하고 있을지도 모른다.

*

울산도깨비바늘의 일탈처럼 나는 고향을 떠나 40년 넘게 울산에서 살았다. 아버지는 자식이 당신처럼 살지 않도록 없는 가산을 털어 공부를 시켰다. 아버지가 못 이룬 꿈을 나를 통해 이루고 싶었는지도 모른다. 그 덕분에 초등학교 졸업 후 면 소재지 중학교로 유학을 떠났다. 아버지는 소 장사를 해서 아들의 학비를 마련해 지원을 했다. 어린 나이에 둥지를 떠나 산다는 게 큰 시련이었다. 향수를 달래기 위해 면학에 정열을 더 쏟았다. 먼 도회지로 나가려는 꿈을 실현하기 위해 깃털이 여럿 달린 도깨비바늘 열매를 만들었다. 새로운 도깨비바늘로 출세를 위한 준비에 열정을 쏟았다.

몽당 빗자루 모양 씨앗이 익으면서 불꽃놀이처럼 방사선으로 퍼지는 도깨비바늘처럼 미래를 준비했다. 누군가를 기다리며 매달려 겨울을 이겨낸 도깨비바늘처럼 면학으로 인생의 무기를 만들었다. 도깨비바늘처럼 날카로운 바늘 고리를 만들어 호시탐탐 일탈의 기회를 노렸다.

늦가을 관 모양 도깨비바늘꽃이 시들고, 꽃술이 바늘처럼 변할 때 국립부산기계공고로 진학을 했다. 나랏돈으로 공부를 시켜 조국 근대화의 기수를 양성하는 공업고등학교였다. 두메산골 아이가 첫 출세의 꿈을 이룬 것이다. 조국 근대화 기수가 되어 인생 무기를 만들었다. 더 넓은 세상에 나아가 좋은 터를 잡기 위해 씨앗 끝에 도깨비를 닮은 예리한 집게 바늘을 만들었다.

세상에 나아갈 기회를 포착해 울산에 터를 잡았다. 대기업 취직과 군 특례, 주경야독으로 졸업한 뒤 울산도깨비바늘이 되었다. 여기보다 더 나은 곳이 세상 어디에 있는지 알지 못한 채 38년을 머물렀다. 인생의 전환점마다 도깨비바늘처럼 넓은 세상에 출세할 기회를 엿보았다. 도깨비바늘 갈고리를 만들어 일취월장했다. 그러나 물이 오래 고여 있으면 썩는 법, 명퇴는 또 다른 출세를 하게 했다

퇴직 후 갈고리를 연마해 신춘문예에 당선되어 작가로 출세를 이루었다. 운명처럼 다가온 출세는 인생 이모작의 무기가 되었다. 울산도깨비바늘처럼 운을 잘 잡아 산골 아이가 과거에 급제해 출세를 한 것이다. 울산도깨비바늘이 숙주를 이용해 출세했다면 나는 시류를 잘 잡아 출세한 셈이다. 예리한 도깨비바늘을 이용해 인생의 새로운 전환점을 포착한 것이다. 식은 밥이라도 울산 밥을 먹으며 또 다른 꿈을 꿀 것이다.

작업作業

*

어느 세상 한 모퉁이에서 제 할 일 다하고 쓸모없어 굴러온 회전의자일까? 누군가 우리 집 마당 옆에 녹슬고 재활용이 불가능한 의자를 버리고 갔다. 세월 더께가 묻어 찌그러진 철 다리와 흉측하게 삭은 안장을 달고 있다. 처음 세상에 출품 당시에는 제법 고가였을 법한 의자가 많이 퇴색되어 있다. 생명을 다한 의자가 세월을 이기지 못하고 낡아 이제는 쓸모가 없어졌다. 자신을 버린 주인을 원망하지 않고 담담하게 수거를 기다리고 있는 의자다. 떠날 때를 미리 알고 있는 것처럼 더 살아갈 용기마저 죄다 내려놓았다. 비등점에 이를 때까지 열정을 다하고 사그라지는 의자가 신령하게 보인다. 사람들 엉덩이를 편안하게 했던 의자. 낡아 버려진 꼴이지만 당당하다. 나더러 늙어도 의자 같은 신세가 되지 말 것을 미리 경고해 주는 듯하다.

*

CCTV로 의자를 버리고 간 사람을 색출했다. 무기력하게 보이는 한 노인이 잡혔다. 그냥 넘어가도 될 것을 굳이 색출한 것은 재범을 막기 위해서였다. 부족한 겸양 때문인지 노인에 대한 신뢰가 무너져 버렸다. 나는 연약한 노인이 몰래 쓰레기를 투기한 사실에 더는 수긍하지 못했다. 인상착의를 확인한 노인의 양심에 실망해 쉬이 관용을 베풀지 못했다.

며칠을 지켜봐도 CCTV에 잡힌 노인은 나타나지 않았다. 집 근처에 터를 잡고 폐지를 수집하는 어른을 만나 여쭤 보았다. 범인을 대충은 알고 있었다. 전에도 폐지를 모으는 곳에 의자를 버리다가 들켜 혼이 난적이 있다고 했다. 내다 버린 노인은 자신의 처지와 같은 의자가 재활용되기를 바랐을 것이다. 늙어서 쓸모가 없는 의자를 생각하면 자신의 처지가 불쌍했을 것이다.

*

의자를 분해해 버리기로 마음을 고쳐 먹었다. 고물상 노인에게 분해 후 고철을 수거해 달라고 부탁했다. 낡아서 재활용이 안 되는 의자를 분해했다. 내가 나이가 들어 혹여 올지 모를 불안을 지우기 위해 작업에 임했다. 가보지 않는 미래의 두려움을 체험하기 위해서였다. 가위와 드라이버, 망치와 쓰레기봉투 준비를 마치고 분해 작업을 했다. 처음 공장에서 했던 조립 얼개를 관찰했다. 그러나 쇠붙이로 견고하게 용접이 되어 쉽게 해체가 되지 않았다. 조국 근대화의 기수 기계 엔지니어 전력을 발휘하여 효율적인 분해 방법을 모색했다. 현상을 파악한 뒤 작업에 임했다. 나사못이 박힌 곳을 해체했다. 버팀목 조임 나사를 풀자 몸체가 무너졌다.

쇠붙이에 붙어 있던 천과 가죽을 가위로 잘라 스펀치와 플라스틱과 함께 분리수거 쓰레기봉투에 넣었다. 분해하니 고철이 제법 나와 재활용이 가능했다.

*

의자 분해 작업이 서툴고 솜씨도 많이 부족했다. 그래도 차분하게 분해를 했다. 표현되지 않는 의자의 내력은 봉해 놓은 편지 같이 쉽게 드러내지 않았다. 뽀얀 미세 먼지가 내 몸을 오염시켰다. 오래된 물건은 불귀의 병균이 살아있어 목숨을 앗아 간다는 미신이 두려움으로 다가왔다. 내 삶이 끝나서 몸을 분해해보면 낡은 의자와 크게 다를 바가 없을 거라 생각하니 섬뜩했다. 서투르게 분해 작업을 하면서 망치가 손가락을 치는 안전사고를 냈다. 손가락은 아프고 붉은 피가 났다. 사고로 사람의 피가 몸 밖으로 나올 때는 분노의 검 붉은색을 띠지 싶었다. 정신 줄을 놓으면 안전사고가 난다는 사실을 체험했다. 의자가 내 손에서 분해되고 형체가 없어지고 있었다. 차츰 분해되는 가시적인 결과가 즐거움을 주기 시작했다. 분해된 의자는 마치 영혼이 살아 움직이는 듯하다.

의자를 유심히 살펴본다. 처음에 광부의 손에 채굴된 광석이 그 뜨거운 용광로에 몸 풀어 철제의자로 세상에 태어났을 것이다. 판매점에서 팔려 가는 신세가 되어 주인이 앉고 기대는 작업을 시작했을 것이다. 주인을 위해 열성을 다하고 자신의 삶을 포기한 의자. 버림받지 않기 위해 열성으로 온갖 박해를 이겨냈을 것이다. 발로 차이고 내동댕이쳐지고 무모한 홀대를 받아도 참고 견뎠지 싶다. 굴곡진 삶은 결코 호강을 누리는 금수저의 삶을 살지는 않았을 것이다. 몇 번이고 서글픈 인생을 접고 싶었을 것이다. 그 삶의 상흔이 철제의자 몸체 곳곳에 묻어있지만 후회하는 기색이 보이지 않는다.

이제 세상 어느 모퉁이에서 할 일을 다 하고 막바지에 홀대를 받던 의자는 쇠붙이가 되어 용광로 속에서 새로운 제품으로 환생할 것이다. 의자를 피복했던 천과 가죽도 불에 태워져 형체도 없이 사라지고 재를 남길 것이다. 원래의 자신을 버리고 원하는 물상으로 태어나기 위해 분골쇄신하고 있는지도 모른다. 용광로에서 몸을 녹인 쇠붙이가 되어 더 강한 쇠붙이로 환생하기를 기원했다. 그 숭고한 의자의 인생을 찬양하는 글을 썼다. 그렇게라도 해서 떠나보내고 나니 마음이 평온해진다. 그 의자는 환생하여 무엇으로 태어날지 궁금하기도 하다. 전생에서 이루지 못한 일이 있었다면 환생해서 꼭 이루어졌으면 좋겠다는 생각이 들었다.

*

내 운명의 시간표는 어떻게 진행되고 있을까? 미래는 아무도 알 수 없고 신만이 알 수 있기에 더는 조급하게 유추하지 않기로 했다. 하늘이 정하는 운명을 겸허하게 받아들이기로 했다. 굳은 고집과 아집을 벗겼다. 해묵은 삶의 파편들을 끄집어내 쇠붙이와 함께 용광로로 실어 보냈다. 구겨진 마음 자락을 다듬질하고 나니 마음이 표시 나게 가벼워졌다. 낡았던 삶의 더께가 사라지고 있다는 증거가 아닌가 싶었다.

낡아버린 나를 분해하고 재조립해 건강한 인생 이모작을 만들기로 했다. 장차 40년을 더 살기 위해 먹지도 않고 발톱과 부리를 바위에 갈아 새살이 돋을 때까지 기다리는 솔개처럼 나를 개조하기로 했다. 어떤 인생이 될지는 알지 못하지만 희망적인 인생을 준비하기로 했다.

주어진 시간표마다 즐거이 살아갈 것이다. 내게 부여된 운명은 비껴갈지도 알 수 없는 것이다. 하늘이 감동한다면 운명도 바뀔 수 있는 게 아닌가. 운명을 새롭게 만들어 내기 쉽지 않아도 기다림과 인내를 한다면 불가능하지 않을 것 같다. 우연은 하늘이 모습을 숨기고 만든 것이라 하지 않던가. 어차피 일어날 운명은 일어나게 되어 있는 법이다. 자신감과 여유를 갖고 다가올 운명을 맞이할 준비를 할 것이다. 고장 나면 고치고 기름을 치는 내 몸 가꾸기를 게을리하지 않을 참이다. 육체단련과 정신수련을 통해 나의 개조작업은 앞으로도 계속될 것이다.

작업은 낡은 것을 혁신해 새로운 것을 창조해 내기 위한 노력이 아닌가. 운명이 눈자위에 어리는 그 날까지 건실하게 살아갈 작업을 계속할 것이다. 인생의 전환점마다 꽃길이 되도록 이정표를 세울 것이다. 비등점에 이를 때까지 열정을 다하고 가치 있는 삶을 살다 간 낡은 의자처럼 환생할 것이다. 철제의자의 일생을 음미해 삶의 거울로 삼을 것이다.

지렁이

*

주차장에 지렁이 한 마리가 몸이 두 동강 난 채 으스러져 발악하고 있다. 토막 난 몸이 폴짝폴짝 뛰며 사위하고 있지만 어쩔 줄 모르고 바라만 본다. 제발 살려 달라고 애절하게 절규하고 있는 것 같아서 가슴이 찡해져 온다. '지렁이도 밟으면 꿈틀거린다.'는 격언을 극명하게 증명해 주는 것 같다. 미약한 생명체의 파괴 현장은 눈 뜨고 볼 수 없을 만큼 흉측해 몸이 오싹해진다. 누구나 사고를 당하면 지렁이처럼 되지 말라는 법은 없다.

지렁이는 예전에 배 밭이었던 주차장 땅속에서 살았다. 비가 내려 땅이 젖자 생리적으로 밖으로 나왔을 것이다. 비가 올 때 빈번히 올라와 주차장을 배회하다 사고가 났지 싶다. 생명은 보호를 받아야 하고, 함부로 죽여서는 안 된다는 암묵적인 경고를 읽었다. 먹이사슬 최하위층인 지렁이가 자신이 가야 할 방향도 정함 없이 이동하기 시작했다. 어디로 가야 하는지 알고 있는 걸까? 두 동강 난 몸을 이끌고 영혼의 안식처를 찾아 정처 없이 길을 잃을 것이다.

*

지렁이는 멈추지 않고 지구를 일주할 기세처럼 꿈틀거리며 나아가고 있다. 세상살이에 능숙하지 못해 종종 조직에서 따돌림을 당해서 버려진 외톨박이 신세다. 몸에 있는 둥근 마디를 활용해 움츠렸다 폈다 하며 천천히 움직이고 있다.

땅속에서 지렁이 우는소리가 '찌르렁~ 찌르렁 뚜르르' 들려오는 듯하다. 짝을 찾는 지렁이 울음소리는 사랑의 세레나데다. 소리로 짝을 만나 사랑을 나누고 후손을 남기려는 몸부림이다.

지렁이 소리에 향수가 실려 온다. 어릴 적 고향에는 지렁이가 지천이었다. 왕피천 청수를 누비는 물고기를 잡기 위해 미늘에 미끼로 했던 지렁이다. 땅을 헤집기만 해도 바글거렸던 지렁이가 추억의 샘을 퍼 올린다.

죽어가는 지렁이를 살릴 재간이 없다. 복제할 수도 창조해 줄 수도 없다. 발달한 과학기술에 기대도 생명은 흉내를 낼 수 없어 안타까울 뿐이다. 꼬챙이로 집어 흙에 옮겼다. 흰색 환대를 이용해 흙 속으로 파고들고 있다. 서두르지도 몸부림도 치지 않고 자신만의 행동으로 땅속에 몸을 숨긴다. 생명력이 매우 강한 지렁이는 생명의 마디를 만들어 목숨을 이어갈 것이다. 마디에

재생능력이 생기고 세포분열이 일어나 끊어진 몸을 이을 것이다. 지렁이 몸은 땅속에서 생활하도록 고안되어 있다. 그래서 눈이 필요 없다. 피부로 호흡을 해 이산화탄소를 외부로 내보내고, 산소를 마음껏 마신다. 흙 속이 건조한 겨울철에는 깊이 2m쯤 되는 굴을 파고 그 안에서 지낸다.

지렁이는 감정을 드러내지는 않는다. 오직 참선하는 수도자처럼 침묵한다. 신이 파견한 사제처럼 신령하다. 후백제 견훤 탄생 설화 때문만은 아니다.

시간이 지나 그 자리로 돌아가서 흙을 뒤져봤지만 지렁이는 흔적도 없었다. 때마침 주변에 사는 까치 가족 소리를 듣고는 아차 싶어 적이 놀랐다. 십중팔구는 까치 먹이가 되었지 싶었다. 까치는 시치미를 떼고 있다. 그렇게 일탈을 꿈꾸며 열심히 걸었는데 십 리도 못가 까치밥이 되고 말았다. 그래서인지 상쾌하게 들리던 까치 소리도 그리 달갑지 않게 들렸다. 내 딴에는 지렁이를 살리려고 옮겼는데 까치 먹이가 된 것이 안타깝다. 지렁이는 얼마나 처절하게 발버둥 치며 살겠다는 의지를 보여주었을까?

약품과 화장품 원료가 되어 먹거나 피부에 바르는 지렁이 죽음이 아려왔다. 지렁이의 목숨을 지켜주지 못한 도의적인 책임으로 인해 허탈감이 느껴졌다. 하늘이 세상에 특사로 파견한 생명의 사도이기 때문이지 싶었다.

*

불쌍한 지렁이가 둥지를 일탈한 이유는 잘 알지 못한다. 다만 비가 내리는 날을 기회로 해 내 사춘기처럼 무작정 일탈했을 것이라 추측이 될 뿐이다. 통상 지렁이는 빛이 비치는 반대 방향으로 움직이는 습성을 가지고 있다. 둥지를 이탈하지 않으려는 수칙이다. 지렁이는 수칙대로 움직였지만 하필이면 땅 위로 일탈해 길을 잃고 만 것이다. 돌아올 수 없는 다리를 건너 버린 지렁이는 사지에서 방황했을 것이다. 정도를 걸었지만 빛은 지렁이를 위험한 사지로 일탈을 종용한 셈이다. 둥지를 떠난 지렁이의 꿈은 허황하게 무너지고, 결국 까치의 먹이가 되고 말았다. 자연의 이치를 어긴 지렁이는 신이 내린 준엄한 죽음을 맞이하고 말았다. 운명은 자신이 의도하지 않는 방향으로 움직일 수 있어 쉽게 속단을 할 수 없는 특성을 지니고 있다.

눈을 감고 지렁이의 운명이 나였다면 어떻게 대응을 했을지 상상해 본다. 살아오면서 나에게도 예상치 못한 위기가 여러 번 왔다. 매사에 신중하고 조심을 했음에도 많은 위기를 피할 수 없었다. 피할 수 있는 개연성은 있었지만 위기 자체를 막을 수는 없었다. 더러는 위기를 미리 짐작하고 어쩔 수 없이 위기에 뛰어들 때도 있었다. 위기마다 새롭게 성장할 수 있는 기회를 반전시키기 위해 강한 마디를 만들었다. 마디에 성장판과 에너지를 공급하여 올곧게 나아가도록 일구고 훈육을 했다. 여태껏 위기의 이면에는 좋은 일로 이어지는 반전의 씨를 품어서 싹이 트게 만들었다. 위기가 기회였다. 신은 살아생전에 한 번도 보이지 않았던 것을 보여주기 위해 죽음이란 카드를 마련해 두었지 싶다. 지렁이는 사라졌는데 수많은 시사점이 소환된다.

*

신은 생명체를 만들며 약육강식의 먹이사슬을 내려 공생하도록 배려했다. 지렁이에게 먹이사슬 최하층이자 토양을 풍성하게 하라는 운명을 주었다. 몸이 두 동강 나도 견딜 내성과 살아갈 지혜를 주었기에 생명력은 강하다. 아리스토텔레스가 설파한 '땅의 창자'가 지렁이다. 지렁이는 눈 귀도 없는 무척추동물이다. 지렁이는 날카로운 이빨이 있다. 뼈가 없으니 힘이 없고 송두리째 나약한 먹이가 되어야 하는 생명체다. 먼저 보는 포식자의 요기에 바쳐진다. 지렁이를 발견한 포식자는 쾌재를 불러도 좋을 만큼 먹음직한 먹잇감이다. 잡아 먹혀도 결코 원성을 하지 않고 포식을 하면 만족이다.

자기 몸무게 반을 먹어 치우는 대식가인 지렁이를 지룡地龍이라 부른다. 조개가 모래를 품어 진주를 만들 듯 척박한 흙을 삼켜서 옥토를 배설한다. 흙에서 자란 식물은 초록으로 화답하고 세상을 정화한다. 지렁이 입에 흙을 채워 휘어지도록 쟁기질하는 것은 창조를 위한 구도의 씻김 질이다.

세상에 지렁이 천적이 아닌 동물은 없다. 짝도 없이 혼자 암수 노릇을 하며 수정을 하는 자웅동체다. 남을 등 처먹는 거머리, 숙주 몸에 기생하는 연가시처럼 야비하지 않다. 자양분이 되는 지렁이의 숭고한 삶을 음미한다.

지렁이를 포식하고 사라진 까치를 본다. 여전히 모르쇠로 일관하고 있다. 죽은 지렁이 영혼을 달래기 위해 까치가 날아간 서쪽을 향해 침을 뱉었다. 어머니가 솔개가 닭을 채 날아간 하늘을 향해 침을 뱉어 영혼을 위로했던 것처럼 주술을 부려 죽은 지렁이 영혼을 위로했다. 사라진 지렁이 영혼이 둥지를 잃어버릴까 두렵다. 지렁이의 죽음이 생명의 소중함을 일깨워 준다. 향수가 하늘에 떠 있다. 질량감이 느껴지는 바람이 불어와 향수를 달래준다.

툇마루

*

우리 집 옥상에 있는 정자 툇마루에 걸터앉아 분주한 거리를 내려다본다. 이 집을 지을 당시에 사색과 휴식공간으로 만들어 놓은 정자형 툇마루다. 회사 퇴직 후 하릴없이 나이가 드는 터수에 글을 써볼 심상으로 만들었다.

햇볕이 옥상을 가득 채우고 바람이 얼굴을 간지럽힌다. 정자 맞은편에 가슴 높이의 두 개 화단에 기화요초를 심어 자연을 옥상까지 끌어들였다. 네 평쯤 되는 화단 두 개에는 계절에 맞는 생명을 키우는 공간이다. 늦가을 꽃은 지고 잎까지 떨군 텅 빈 화단의 풍광이 스산하게 느껴진다. 화단 건너편에는 까치 가족이 분주하게 움직인다. 툇마루에 누워 뒤척이어도 쳐다보는 사람도 없는 나만의 둥지는 쓸쓸함이 가득하다.

*

생활 공간이 집이고부터는 툇마루는 본격 휴식처요 행복을 채집하는 무대다. 화단에 작물들을 가꾸며 생명과 어울려 사색을 하고 힐링을 즐기는 곳이다. 툇마루에 앉아 독서하고 차도 마시며 묵상하는 시간이 호사를 누리게 한다. 괴롭고 골치 아픈 일이 생기면 툇마루에 앉혀 치유를 하는 공간이 된다. 제2 인생을 살면서 소소한 기쁨을 누리며 삶에 힘을 얻고 있어 다행이다. 주변에 존재하지만 누리지 못한 기쁨을 제대로 느끼고 있는 듯해 행복하다.

가끔씩 툇마루에 앉아 까치와 묵언 대화를 하는 시간이 많아졌다. 나를 경계하는지 멀찌감치 떨어져서 다소곳이 앉아있다. 아파트 공원 어디에 살고 있는 까치 가족이다. 녀석은 부부가 사이좋게 짝을 지어 주변을 분주하게 날아다닌다. 환경이 좋지 않은 도시에 까치 울음소리를 들을 수 있다는 게 행운이다. 까치똥이 바닥에 떨어지는 것은 싫어하지만 옥상 툇마루를 찾는 까치는 놔둔다. 새끼 한 마리가 다리를 다쳐 죽은 후 옥상에 자주 놀러 온다. 툇마루에 누워 망중한을 즐기며 까치를 바라보면서 적적함을 달랜다.

툇마루에 내려앉는 햇살이 바람이 주고 간 추위를 데워서 온기를 만든다. 정자 지붕에 반짝이는 햇볕이 심술궂은 찬바람을 몰아내는 툇마루가 좋다. 적막감이 감도는 텅 빈 툇마루에 밥을 짓는 알싸한 내음이 코끝을 스친다. 민감한 후각은 먹이를 찾는 본능이 있나 보다. 인간의 코는 냄새의 정체를 민감하게 기억한다. 냄새의 정체를 빠르게 판단하는 능력을 지니고 있다. 툇마루에 앉아 맡게 되는 냄새의 정체는 틀린 적 없이 정확히 맞았다. 먹이를 찾는 냄새는 천적에게 익숙하게 기억되어 있고 거의 정확한 것이다.

*

옥상의 정자 툇마루는 원목의 매력이 살아있다. 질감 좋은 나뭇결과 오랫동안 내 손길이 닿은 흔적과 윤기가 살아있다. 부식을 방지하기 위하여 니스 칠을 해서 더욱더 나무무늬 결이 햇살에 반짝거린다.

내 마음속에도 정자 같은 툇마루가 있으면 좋겠다는 생각을 자주 한다. 앉으면 기꺼이 자리를 내주는 너그러운 공간인 툇마루를 가지고 싶어진다. 그곳에 앉아있으면 마음도 차분해지고 넉넉해지지 싶다. 바람과 풍경을 벗하면 기쁨을 엮어 갈등을 풀어 주고 희망을 누리게 해 줄 것이다. 누리는 여유와 한가로운 기분이 앉혀져 흥얼대는 기분을 가지는 툇마루다. 툇마루는 기분을 올곧은 것으로 바꾸는 마법이 있다.

오붓하게 담소를 나누기 위해 마음속의 툇마루에 편안하게 앉아본다. 눈을 돌려 바라보면 사람 사는 모습이 훤히 보이고 하늘이 선명하다. 아지랑이가 올라가자 마치 그리움 같은 희붐한 기억이 연기처럼 떠오른다.

*

문득 찾아드는 툇마루 온기가 잠자는 영혼을 깨워 향수의 빗장을 연다. 뇌 후각 수용체 신경에 기억된 곰삭은 옛 향수가 마치 연기처럼 흘러나온다. 유년의 고향 툇마루 추억이 쏟아진다. 하늘을 가득 채운 별을 바라보던 기억과 반갑지 않은 손님이 툇마루에 걸터앉아 구걸하는 모습이 스쳐 간다. 온몸이 썩어가는 중병을 앓고 있는 안 의사가 보인다. 선량한 마을 사람들은 병을 고치기 위해 마을에 찾아와 투병 중인 안 의사를 내치지는 않았다. 그런 배려에 그는 외져 병원이 없는 마을에서 병을 고쳐주며 보답을 했다. 의과대학 2년을 중퇴했다는 그의 의술은 병을 고치는데 요긴하게 통했다. 변변한 의료시설이 없었던 고향에 그는 계륵이었다. 썩어가는 두 다리에 진물이 나서 심한 악취가 났다. 사람이 원래 악한 건지 살이 썩는 냄새가 기겁할 만큼 심했다. 악취 때문에 그가 앉는 자리는 툇마루 구석이 되었다. 그는 집집마다 돌아가면서 먹는 것을 구걸했다. 동네 사람들은 보은의 차원에서 마을 입구에 통나무집을 지어 거처를 마련해 주었다.

나환자가 된 그에 대해 아는 바는 거의 없다. 소문은 그가 썩어가는 다리를 절단하지 못하고 물 좋은 두메산골로 투병 생활을 하러 왔다고 했다. 밥상을 차려 툇마루에 올려주면 밥을 먹던 안 의사의 모습이 머뭇거린다. 햇볕 쏟아지는 툇마루는 살이 썩어가는 한 인간의 아픔을 어루만져 주었다. 마을 사람들과 장기 한판 붙을 때도 그는 툇마루에 앉았다. 살점 이탈을 막으려

스타킹으로 동여맸다. 진물을 흘리며 싸우던 처절함이 툇마루 끝에 걸려 오열하고 있다. 고통을 치유해 주던 툇마루는 그의 안식처였다.

*

우리 집 정자 툇마루에 앉아 차를 마신다. 선홍빛 하늘이 가슴에 앉는다. 그리움의 원천이 그곳에 있기 때문인지 요즘 들어 하늘을 자주 쳐다본다. 도시의 고층빌딩 너머 텅 빈 하늘의 무한성을 느끼며 큰 위로를 받는다. 천연색 대자연의 큰 스튜디오를 시청하면서 우주와 더불어 어울리고 있다. 앉아서 책을 읽으며 한 번도 가보지 못한 세상으로 여행을 떠나기도 한다. 텃밭을 가꾸며 식물과 은밀하게 소통해 정서적 고립을 탈출한다. 살아있는 자연만큼 정신적 결핍을 치유해주고 위로해 주는 것은 없지 싶다.

잠시라도 앉아서 사색하며 쉴 수 있는 툇마루는 이 도시에는 많지 않다. 여유와 쉼이 단절된 갈색의 도시에서 뒤엉킨 삶의 번뇌가 눌러앉아 있다. 다행히 나는 툇마루에 걸터앉아 소소한 희열을 맘껏 누리고 있어 행복하다. 자연의 온기를 느낄 수 있는 툇마루는 누구든지 차별하지 않고 공평하다. 다독이고 치유해 주는 툇마루에 앉아 오묘한 사색을 누리며 살아가고 있다. 자연에서 얻은 보물을 집에 두고 여흥을 즐기고 있다. 툇마루는 기쁨을 누리게 해 주고 정신세계를 풍요롭게 만들어 준다. 전쟁터 같은 세상에서 내가 싸워야 할 상대는 아무래도 정신력이지 싶다.

사람은 생각하는 만큼 흔들리는 존재다. 툇마루는 흔들리는 마음을 참선하듯 차분하게 정리정돈해준다. 수련이 되어 정신력을 강하게 키워준다. 회복 탄성력을 소생시켜 삶에 활력을 불러일으킬 것이다. 햇살에 데워진 툇마루처럼 내 삶도 온기와 기쁨을 누리면서 행복하게 살고 싶다.

아픔과 외로움을 쓰다듬는 툇마루에 앉아 까치 부부와 눈을 맞춘다.

2부
나를 분재하다

고사목

*

그를 처음 만난 지 10년 남짓 된다. 그해 겨울 신불산 칼바위를 오르다 세찬 겨울바람을 온몸으로 맞으며 묵묵히 서 있는 숭엄한 그를 만났다. 깎아 세운 가파른 벼랑에 앙상한 모습으로 꿋꿋하게 버티고 있는 고사목. 그가 기다리는 것, 인류의 가장 오래된 행동이었던 기다림. 어쩌면 사무엘 베케트의 희곡처럼 오지 않는 고도를 생각하고 기다리고 있는지도 모른다. 그가 살아온 내력을 잘 알지 못한다. 다만 제행무상諸行無常 움직이는 모든 것은 항상 소멸한다는 이치에 맞게 고사목이 된 거라 추측할 뿐이다.

폐안蔽眼하여 성찰하는 그를 다시 만났다. 세월이 흘렀어도 그는 쉬이 나락으로 추락하지 않았다. 늘 그 자리에 서서 매서운

비바람과 혹한을 꿋꿋이 참고 견뎌내는 강한 맷집으로 천년을 더 살 듯 옹골찬 모습이다. 침묵은 그의 대명사가 된 지 오래고, 바람이 해작거리는 소리가 들린다.

아찔한 절벽에 가녀린 몸을 바위에 곧추세우고 서 있는 그 바위에 기댄 채 기도하는 모습이 경배하다. 반질반질한 몸에 반짝이는 햇볕이 광배처럼 보인다. 세상 경계를 넘나드는 범접氾接할 수 없는 위압감이 느껴진다. 신불산 파수꾼이 된 그에게서 아름답게 늙어가는 지혜를 읽는다.

*

그가 선 기묘하게 생긴 벼랑 풍경이 일품이고 한 폭의 동양화처럼 보인다. 찬바람이 거세게 회오리치며 부딪히는 신불산 칼바위도 또한 절경이다. 벼랑에 서 있는 앙상한 회색 몸매를 햇살이 핥는다. 어쩌면 하늘의 색을 동경하여 회색이 되었지 싶다. 하늘을 이고 있는 그는 건들마 한 줄금에도, 강쇠바람 뭉치에도 휘둘리지 않는 군자의 자태를 하고 있다. 흑심을 품은 바람이 긴 촉수로 에로티시즘을 걸어와도 꿈쩍하지 않는다. 정열적인 태양이 사랑을 구걸해도 이마를 훔치며 묵묵히 서 있어 신령하다.

수많은 동양화를 봤지만 그가 서 있는 벼랑 그림에 비해 깜도 되지 않는다. 잎이 푸른 시절에는 솔거의 황룡사 노송도 벽화에 버금가고, 겸재 정선의 소나무 그림이나, 추사의 세한도와 버금가는 명품 동양화다.

그를 품은 바위가 신처럼 숭배하다. 그가 거센 풍우에도 견딘 것은 바위 덕분이다. 터를 잡고 척박한 바윗돌에 뿌리를 내리기까지 악전고투했을 것이다. 서슬 퍼런 풍파 속에서 바위의 젖줄이 메말라 굶주리며 살았을 것이다. 대자연 섭리에 순응하며 스스로를 응원하며 일체유심조로 살아왔지 싶다. 나이론실 보다 질긴 뿌리를 단단한 바위에 내리고 살았을 처연한 그의 삶.

*

순탄하지 않고 굴곡진 삶을 살며 한 번도 그 다운 삶을 살지 못했다. 그는 억압과 인격마저 짓누르며 완장을 찬 눈비와 바람의 권력에 짓눌렸다. 강해지기 위해 맷집을 키우면서 험난한 삶의 전선에서 고군분투했다. 정열을 다하고 발버둥 쳤음에도 신은 그의 명줄을 멈춰버리고 말았다. 켜켜이 나이테를 새기며 살아온 그는 자연으로부터 생명을 퇴출당했다. 찬란했던 생을 접은 그는 아무 원망도 후회도 없이 고사목이 되고 말았다. 하고 싶은 말이 넘쳐도 드러내지 않는 엄격한 침묵의 고사목이 되었다.

세월이 지나면서 그는 자연의 질서에 순응하며 카오스에 강하게 저항했다. 순리를 거역하지 않고 자신을 내려놓으며 겸허하게 운명을 받아들였다. 자신을 비우고 새로운 것을 받아들일 준비를 하며 버티고 있다. 비워야 받아들이는 법. 그를 걸치고 있던 가지와 잎을 버리고 빈 몸이 되었다.

속이 여린 그는 늘 바위를 사랑했을 것이다. 꿈적 않는 바위 마음을 훔치며 수없이 청혼을 했을 것이다. 그가 심장을 파고들 때 바위는 틈을 내주며 사랑을 받아 줬을 것이다. 그를 안아본

유일한 것은 바위 인지도 모른다. 부엉이가 꼬드겨도, 하늘의 별들이 유혹해도 흔들리지 않고 절개를 지켰다. 그래서인가 신불산 칼바위에는 애틋한 신화와 전설이 꿈틀거릴 듯하다.

*

그는 오랫동안 산업전선에서 근무하다 명예롭게 퇴직한 나를 닮았지 싶다. 내 삶도 성난 파도처럼 거칠고 억셌다. 때론 폭풍이 불고 해일도 불어왔다. 공돌이란 거친 세상에서 꿈을 펼치기 위해 힘겨운 페달을 밟으며 살았다. 그가 살아온 것처럼 나에게 주어진 삶에 게으름을 피우지 않고 충실했다. 그가 삶의 전선에서 퇴직한 것처럼 나도 회사생활을 접고 명예퇴직했다. 그는 제2기 삶을 살 강한 맷집으로 꿋꿋하게 자리를 지키고 있다. 가진 것을 죄다 내려놓고 침묵하고 있는 그는 내 스승이다. 아픔, 고독, 절망, 패배를 극복한 그의 영혼은 참으로 숭엄하고 위대하다. 그는 안에 있는 것을 보듬어 쉽게 쓰러지지 않는 삶을 살고 있다. 그는 늘 칼로 마음을 갈고 있다. 고목의 시간으로 버틸 체력을 안배하며 쓰러지지 않고 자리를 지키고 있다. 바위에 껌딱지처럼 붙어서 의존하고 있는 그는 내 인생의 아바타다. 참담하고 통한의 아픔에 흔들릴 때도 있었다. 가진 게 없다고 멸시당하고 따돌림도 당했을 것이다. 편안하고 한량으로 살아도 될 줄 알았던 제2기 삶이 만만찮다는 것을 새삼 깨달았을 것이다. 어차피 흔들리며 아파하는 것이 인생이라는 것을 내게 득음으로 들려준다. 속내를 감추고 침묵하고 있다. 아무런 말은 하지 않았지만 밖으로 표현하지 않는 엄격한 침묵. 할 말은 넘쳐 보이는데 밖으로 쉽게 드러내지 않는다.

무엇인가 들려오는 듯해 귀를 기울여 본다. 말없이 말하는 법을 배운다. 그는 묵언默言으로 자신을 드러낸다. 그의 잠언이 내 마음속에 떠다닌다. 그가 그렇게 지키고 싶었던 섬! 거울이 되어 내 인생을 되돌아보게 한다.

*

신불산 칼바위의 파수꾼이 된 고사목을 바라보면서 굳센 의지를 느낀다. 세상이 알아주지 않아도 척박한 바위틈에 뿌리를 내려 면면부절綿綿不絕 살아온 족적을 흠모한다. 교감하고 상호작용을 하면서 배운 무량한 교훈, 남은 인생을 사는데 그가 보여준 혼신의 위대함과 침묵을 마음에 담았다.

그가 살아온 기구한 삶 궤적과 스토리텔링을 시나브로 음미해 본다. 나의 시간을 그의 시간에 부여해 본다. 나약하지만 그를 받아들이자 능선을 넘어 단숨에 달려온 바람의 촉수가 질투해 그의 몸을 더듬는다. 그러나 모두를 내려놓고 속까지 비운 탓인지 바람마저도 저항 없이 스쳐 가 버린다. 그의 혼백이 마치 산 등을 휘감는 산안개를 타고 승천하고 있는 것 같다.

그가 전하는 삶의 교훈을 마음속에 새기려 한다. 출세를 위해 달려온 나에게 은둔의 이치를 가르쳐 준다. 수많은 선인이 택했던 은둔의 삶. 비록 생은 막을 내렸지만 황량한 산 능선에 죽은 듯 은둔해 있는 그가 숭엄하다. 무량한 그의 득음이 내 가슴에 옮겨져 마음의 등대가 되어 준다. 그가 살아온 삶을 읽으며 나의 노후에 본보기로 삼을 좌표를 만들었다. 그의 올곧고 숭고한 영혼은 내 노후에 반면교사로 안성맞춤이다. 육신은 고사목이 되었지만 그가 몸소 일러준 대로 참 인생을 살고 싶다. 내 마음을 알아주고, 아껴주는 그를 공경할 때마다 행복이 인다. 우직한 자세로 나를 다독여 주는 그는 내 인생의 아바타요 양금택목良禽擇木 물상이다.

나를 분재하다

*

반백 년 넘게 살아온 나는 솔개의 변신을 유용해 나를 분재하기로 했다. 남은 인생을 건강하고 가치 있게 살기 위해 나무처럼, 솔개가 낡은 부리와 발톱을 뽑듯이 정신과 육체를 리모델링하기로 한 것이다. 그 이유는 세월은 흘러가고 생물시계는 어김없이 늙어가기 때문이었다. 특히 분재의 대상인 기억력 감퇴, 얇아진 사고력, 굳어진 습관, 둔감해진 창의적 안목, 쇠약한 기력과 삶의 활력이 현저하게 떨어져 있기 때문이기도 했다. 문제는 내가 위기 자체를 전혀 느끼지 못하고 있다는 사실이었다. 더군다나 내 몸이 보낸 분재 하지 않고는 여생은 평탄치 않을 거라는 경고마저 도외시했다.

더 늦기 전에 나를 새롭게 개조시키는 분재를 시작하게 된 것이다. 분재는 나무를 화분에 옮겨 줄기나 가지를 수려하게 가꾸는 것이 아닌가. 우선 엑기스만 남기고 가지를 자르고 새순을 내서 가꾸는 교본에 따랐다. 나를 더 품위 있고 강하게 만들려는 분재, 새 사고와 인격을 갖춘 세상에 하나뿐인 나를 만들려는 분재를 위해 셀프 정원사가 되어 미적 감각과 개성을 발휘했다. 때로는 죄다 내려놓고 성찰하며 공까지 들였다. 분재를 하는 과정에서 극심한 고통이 뒤따랐지만 인내와 기다림으로 이겨냈다.

*

나를 분재하는 벤치마킹 대상은 북제주에 있는 '생각하는 정원'이었다. 농부인 성범영 씨가 30년 인생을 걸고 돌투성이 황무지를 개간해 일군 혼불 같은 정원. 그의 사상과 철학을 융합해 만든 예술품 같은 분재가 있었다. 국가지정 민간정원 1호이며 중국 의무교육 교과서에 실린 정원. 세 명의 중국 국가주석을 비롯해 국빈들도 두루 방문했던 정원이라 소개했다. 1992년 7월 개관한 세계 최대 분재공원으로 연면적 1만 2천 평 대지에 7개 작은 정원을 두고 100여 종, 1만여 점 분재와 정원수가 전시되고 있었다. 수령 250년짜리 괴불나무를 비롯한 적송, 해송 등 수령 100년이 넘는 진귀한 분재가 전시된 정원은 대자연의 진수를 축소해 보여주고 있었다.

정원 조형은 제주 특유의 오름 모양을 본뜬 나지막한 동산 자락에 자리해 있어 제주의 자연과 미가 물씬 풍겼다. 동산은 한국 고유 정원수 분재와 신묘神妙한 수석이 다양한 형상화와 폭넓은 사유를 도모하게 했다. 둘레에 쌓은 돌담이 성처럼 에워싸 있어 낙원을 거닐고 있는 느낌이었다. 정원을 걸으며 오묘한 분재와 나를 연결하여 보이지 않는 대화를 교감했다.

걸작들은 매우 긍정적이고 활력을 불어넣으며 나를 분재하도록 유인했다. 카페에도 들어 가보며 정원을 천천히 다 둘러보는데 2시간 남짓 소요되었다. 눈길 주는 분재마다 마치 신의 손으로 빚은 것처럼 신비하고 환상적이었다. 그 안에 신이 들어 있는 듯이 빼어나고 오묘한 걸작이 내 정서를 흔들었다. 신의 마음을 옮겨 놓은 걸작들과 교감하는 시간은 매우 유익하고 값졌다. 사색과 사유를 듬뿍 안겨준 정원은 나에게 분재의 이점을 다 보여주었다. 수목과 분재가 연못, 폭포, 수석과 어우러져 아늑하고 성대하게 대접했다. 특히 심산해당, 산당화, 매화 분재가 강렬한 매혹으로 인상 깊게 보였다. 난, 대나무 숲, 와싱톤 야자수 등 정원수와 돌담이 어우러져 좋았다. 마치 낙원에서 열리는 격조 높은 전시회에 초대받은 기분이 들게 했다. 농부의 발걸음 소리를 듣고 자란 분재는 묵직한 예술혼과 열정을 엿보이게 했다. 50~250년 세월이 내려앉은 오묘한 분재에서 신령한 기운이 풍겼다. 어느덧 나도 자연을 닮은 분재의 일부가 되어 사색을 선착하고 있었다.

*

인생에 있어 '강자는 변화하는 자'라는 찰스 다윈의 말이 나를 움직였다. 굽이굽이마다 힘든 삶이 오면 새로운 마디를 만들었던 것이 내 방식이었다. 그 마디마다 삶의 변곡점이 되어 나를 더욱더 발전시키는 원동력이 되었다.

제2기 인생 전환점에 선 지금, 더는 미룰 수가 없어 분재하기 시작했다. 건강하게 장수하고 싶은 욕구에 부응하기 위해 솔개처럼 변신을 시도했다. 먼저 쇠약해진 육체, 낡은 사고, 무뎌진 정신력 분재에 공을 들였다. 전장에 나가는 전사가가 되어 표출되지 않은 성격을 분재하기 시작했다. 다음으로 습관으로 굳어진 매너리즘을 과감하게 도려내 환골탈태시켰다. 그리하여 영혼을 갉아먹는 두려움, 근심, 속박, 욕망과 유혹을 뽑아버렸다. 분재는 낮은 자세를 취해 밑에서 위로 바라보며 해야 한다. 몸을 낮추어야 비로소 진면모를 진단할 수 있고 그래야 성취할 수 있기 때문이다.

위기 시나리오를 시뮬레이션해 보고 변화전략을 더 강화했다. 우선 새로운 동력을 찾아 나섰고 긍정적인 사고의 전환을 모색했다. 나아가 능동적인 자기 관리로 내실을 다졌다. 행동 혁신으로 글쓰기를 극대화했다. 잔여 인생 동안 맑은 영혼을 찾아 나서는 순례자가 되도록 제력을 강화했다. 등산과 골프로 미래의 위험을 감내할 저력을 다지고 지혜를 가다듬었다.

분재 초기에는 매우 고통스럽고 절제된 삶을 살아야 하는 불편함이 따랐다. 또한 오랜 직장생활에서 오는 시차 극복도 겹쳐 심한 가슴앓이를 자주 했다. 피를 토하는 심정으로 가지를 자르고 상처가 아물 때까지 꾹 참아야 했다. 통한의 아픔이 아물게 되면 다시 꽃을 피울 거라는 희망으로 인내했다.

*

여태껏 지나온 내 인생을 연단鍊鍛해 분재하는데 족히 3년 넘게 걸렸다. 시간은 생명이 없지만 죽음도 없이 흘렀다. 새순이 돋아나기까지 상처를 몸에 새기며 터진 입술이 치유되는 시간을 견뎌냈다. 몸에 상처 낸 조개가 모래를 품어 진주를 만들어 낸 그 정신으로 분재를 했다.

일차적으로 3년간 나를 분재한 결과에 만족하지 않았다. 제주의 아름다운 '생각하는 정원' 분재를 조금은 흉내 냈다고 스스로 아쉬움을 달랬다. 분재된 내면의 세계가 한 뼘씩 성장해 강한 자신감까지 생겨났다. 정신세계까지 다듬어 의지를 강하게 하고 덕성을 기르는 유익을 주었다. 인생을 관조하고 역동적인 변화를 견인하며, 삶의 의미를 깨닫게 했다. 분재로 생긴 고통의 시간은 맷집을 키우고, 강한 인내심을 길러주었다. 인품에 무게감을 더했고, 운치와 인간미가 흐르도록 변화를 종용했다. 마음은 순진한 아이의 웃음처럼 밝아졌다. 낭창대는 득음까지 들려왔다. 탕약처럼 끓던 갈망은 사그라지고 소박한 즐거움이 용솟음쳤다. 한껏 올랐던 독이 빠져 감성이 온순해졌다. 가슴에 버석거리는 고독도 빠졌다. 문학의 무대에서 어려운 관문을 통과해 신춘문에 당선의 매직을 남겼다. 골프와 등산의 코트에서도 높은 벽을 무너뜨리고 보통 수준에 등극했다.

*

분재의 묘미는 예술혼으로 가꾸고 다스리는 데 있다. 그래서 나를 가꾸는 정원사가 되어 전환점마다 마디를 만들어 가고 있고, 삶이 변하도록 우람한 분재를 지속하고 있다. 유능한 내 인생의 정원사는 게으르지 않고 발걸음 소리를 내며 나를 돌보고 있다. 마음을 죄다 비우고 내 몸의 낡은 가지를 과감히 전단하고 있다. 미소 머금고 소소한 아픔까지 헤아리는 정원사가 되어 나를 치유하고 있다. 육체와 마음의 변화가 더디면 동화와 조절로 적응되도록 다스리고 있다. 또한 몸을 찢으며 올라오는 새순처럼 새 살이 돋아날 때까지 인내도 곁들인다. 낙관과 비관에 혼을 빼앗기지 않겠다는 결심으로 내 정원을 가꾸고 있다. 끈기 있는 내공으로 대하면 분별력과 지혜의 도량을 넓혀주기에 분재가위를 든다.

틈나면 명상으로 내면의 성찰을 지속하고 있어 변화는 쉬이 오지 싶다. 비우고 덜어 내며 욕심을 버릴 수 있는 덕장의 내가 만들어지지 싶다. 세월의 유산이고 축복인 노년이 곱게 되어 성숙한 인격까지 갖추지 싶다. 명망 작가로, 골프와 산행을 즐기는 인생을 살았으면 좋겠다.

'생각을 바꾸지 않으면 빨리 썩는다.'는 분재의 잠언을 뇌리에 새긴다.

마당을 쓸다

*

주차된 차들이 모두 빠져나간 빈틈을 타 오랜만에 우리 집 마당을 쓸었다. 태풍이 지나가면서 강풍에 날아든 온갖 쓰레기가 쓸어 달라고 애원하고 있는 듯했다. 댑싸리로 만든 빗자루로 콘크리트로 덮은 팔십여 평의 시멘트 마당을 쓸었다. 절간에서 수련하는 동자승처럼 마당을 쓸고 나니 마음이 정갈해진다. 마당을 쓰는 일은 마음을 비우는 작업이기에 정갈해지는 지도 모른다. 빗자루가 쓸고 지나간 자리에 그려진 자국이 수묵화처럼 보인다. 곁가지가 많은 댑싸리 빗자루로 그린 수묵화가 마당에 수를 놓은 것이다. 편견인지 몰라도 범접할 수 없는 예술 경지가 묻어나 신의 경지를 넘나 든다. 팔과 빗자루가 그린 걸작이다. 예리한 붓이 아니어도, 빼어난 명필이 아니어도 빗자루 수묵화는 살아서 움직일 듯이 역동적이다.

나뭇잎을 치운 자리에 수려한 그림이 남는 것이 신비하다. 붓으로 수묵화를 그리듯이 빗자루로 그려지는 재미가 점점 붙기 시작한다. 어쩌면 쓸려나간 나뭇잎의 영혼이 현현해 그림을 수놓고 있는지도 모른다. 빗자루 자루를 잡고 팔을 길게 뻗어 마당을 쓸어 그림을 그려 본다. 강풍에 날아든 먼지가 낙엽이 쓸려간 마당에 은은한 밑그림을 그려 놓았다. 회색 시멘트 바닥과 빗자루 자국이 어우러져 마치 천사의 속살처럼 보인다. 상상을 더하게 되면 옷고름을 풀어 제친 수줍은 천사가 승천하는 모습이다. 하늘을 날아다닌다는 상상의 선녀인가. 머리에 화관을 쓰고 몸에는 깃옷을 입은 천사가 사뿐하게 비천무를 추는 수묵화. 빗자루의 고르고 선명한 자국이 머릿결처럼 보인다. 수묵화는 붓으로만 그리는 것이 아닌가 보다.

수묵화가 그려진 마당에 까치 한 쌍이 놀러 와 울음소리를 낸다. 너무나 수려한 수묵화여서 날개를 나풀거리고 내려앉고 싶었는지도 모른다. 거뭇한 수묵화가 신비해 먹과 붓으로 종이에 옮겨 똑같이 그려보고 싶나. 마당을 쓴 댑싸리 가지 끝에 샤먼이 더해져 신령한 기운이 일기 시작한다.

*

내 마음속에 쌓인 온갖 쓰레기를 복숭아 동도지로 만든 빗자루로 쓸어본다. 옛날 새해 아침 아버지가 잡귀를 물려 가화만사성을 기원하며 쓴 빗자루다. 여명이 밝아오는 새벽에 사립문 밖으로 마음을 쓸어낸 그 동도지 빗자루다.

남김없이 쓸어 보지만 따개비처럼 붙어 쉬이 떨어지지 않는 집념이 있다. 경계를 허물고 빗자루가 마술을 부리면 촉수로 달라붙은 티끌이 시위한다. 아직 때가 아니라며 버티어낸 티끌은 쓸어내도 쉽게 떨어지지 않을 기세다. 여간해서 유혹당하지 않는 남다른 자존감을 지니고 있기 때문인지 모른다. 여러 번에 걸쳐서 빗자루질을 가하자 할퀴고 짓눌려 흉측하게 뭉개진다. 망가진 허물이 쉬이 마음에서 떨어지지 않으려고 발버둥 친다. 어쩌면 고치기 어려운 내 아집과 고집이고 어긋나 굳어버린 습관이지 싶다. 떠나야 할 때를 헤아리지 못하고 현실에 안주하여 끝내 버티고 있다. 내 마음 한구석에 내몰린 티끌은 고집스럽게 반항하고 있다.

굳어져 있는 근심이 없어질 때까지 마음을 여미며 마당을 쓸어내 본다. 마음을 쓸어내는 일은 참선하는 정성으로 해야 소기 성과를 거둘 수 있다. 동안거에든 수도자처럼 죽비도 맞아가며 마음을 다스려야 성공하지 싶다. 동자가 절간을 쓰는 이유는 오물을 치우며 헤진 마음을 쓸어내기 위함이다. 정갈하고 개안한 마음을 맞이하기 위해 새벽부터 마당을 쓰는 것이다.

*

마당이 사라진 도시에 살다 보니 마당을 쓰는 일을 오랫동안 잊어버렸다. 흙과 바람, 달과 별, 하늘과 구름, 꽃과 나무, 사람과 가축이 함께 머무는 마당이 없는 곳에서 오래 살다 보니 빗자루 소리를 듣지 못했다.

유년시절은 아담한 마당이 있는 집에서 살았다. 부지런한 아버지는 아침마다 마당을 쓸었다. 빗자루로 밀어낼 때마다 깨끗해지는 광경이 매우 신비했다. 밤을 새워 별과 달과 놀다 잠들었던 마당은 아버지의 빗질 소리에 깨었다. 아버지의 빗질 소리는 하루를 여는 소리였고, 잠에서 깨우는 소리였다. 유소년 삶의 공간이며 놀이마당을 싸리 빗자루로 직접 쓰는 일이 많았다. 마당을 쓸다 돌아보면 내 마음도 깨끗이 쓸어짐을 느꼈다.

마당은 고즈넉하게 있으면서 바빴다. 마당은 집 중심이 아닌 주변 공간이었다. 삶의 공간은 온돌방과 거실이지만 대개는 마당이 중심이 될 때도 많았다. 잔치나 상례 때 마당은 무대였다. 기쁨을 나누며 마당놀이를 했고, 가족 간 이별의 아픔을 나누는 장소이기도 했다. 마당에서 탈곡을 해 곡식을 거두고, 펼쳐서 말렸다. 동심을 누린 마당은 늘 무한한 세계를 누리게 했다.

*

나뭇잎은 빗자루에 쉬이 쓸리지 않으려는 몸짓으로 이리저리 피해 간다. 구속과 속박을 벗어나려 발버둥 치고, 멍에를 벗기기 위해 몸부림을 친다. 나뭇잎은 자신만의 눈을 가지고 자유를 찾아 세상을 훨훨 날아간다. 나뭇잎도 함부로 건드리면 분노한다. 내 빗질을 피하는 나뭇잎은 자유를 찾아서 몸부림을 치고 있는지 모른다. 어렵사리 얻은 일탈의 자유를 쉬이 놓치지 않겠다는 강한 반항이다.

몇몇 나뭇잎은 빗자루를 피해 마당을 횡단하여 구석진 흙더미에 안착했다. 구석진 곳이 아늑하고 편했기 때문이다. 생을 마감할 터를 잡기 위해 구석에 날아갔는지 모른다. 어쩌면 자기가 가야 할 길을 가고 싶어 그랬을 것이다.

마당에 뒹굴어 수묵화를 남긴 나뭇잎을 쳐다본다. 도롯가의 벚나무에서 일탈한 나뭇잎은 아직도 시들지 않고 푸르기만 하다. 나뭇잎이 나풀거리며 시름도 맑게 헹궈주고 엉킨 실타래도 풀어줄 기세다. 거친 세상을 이겨낸 나뭇잎은 내어 줌으로써 잎을 피우는 사명을 다했고 자연에 순응했지 싶다. 끝내 밑거름이 되어 뭇 생명체들을 키워주기 때문에 숭고한 이름이다.

시작과 끝이 정해져 있는 인생. 쓸린 나뭇잎이 의미를 환기시켜 준다. 할 일을 다 하고 당당하게 떠난 자리에 보이지 않는 수묵화를 남긴 나뭇잎. 눈부시도록 푸르른 잎이 묵직한 묵언의 잠언을 들려줄 것만 같다. 잎은 요절 되었지만 칼날 같은 날카로운 가르침이 서성거린다. 나뭇가지에 새순을 피우기 위해 미련 없이 자리를 양보한 겸양이 보인다. 무거운 짐을 죄다 벗고 가볍게 떠나온 나뭇잎의 지혜를 내 인생에 적용해 볼 참이다.

마당에 그려진 수묵화를 바라본다. 수묵화는 마음의 여유가 있어야 보이는 법이다. 내 마음의 마당을 쓸어내도 그런 수묵화가 남아 있을지 궁금하다.

마당은 틈나면 쓸어 볼 일이다. 잡귀도 쓸고 번민도 쓸어 기쁨이 인다. 마당을 쓰는 일은 굴곡진 마음을 쓸어내려는 구도의 몸부림이 아닌가.

완장

*

몇 해 전에 아버지를 저승으로 보내드리면서 왼쪽 팔 양복 위에 완장을 찼다. 어머니가 작고했을 때 오른팔에 착용했던 완장을 이번에는 왼쪽 팔에 찼다. 나비모양 상장을 달지 않고 일제 강점기 잔재라 주장이 있는 완장을 찼다. 아버지가 일제 강점기에 소학교를 나오신 분이라 그렇게 찼는지도 모른다. 이별하면시 남긴 증표로, 조문객들에게 상주의 징표로 착용한 완장이다. 내가 당신에게 불효한 죄인임을 뭇사람들에게 알리는 완장이다. 군림하는 완장이 아닌 죄인으로 몸을 낮추는 자세의 표식이다.

완장을 차면 왠지 모르게 군림하고 싶은 본성이 인다. 그러나 상주가 찬 완장은 몸을 낮추고 있어 권력도 아니고 두려움의 대상도 아닌 죄인 표시다. 완장은 가려진 권력이요 사람들의 존망 대상이었고 신분상승 목표였다.

*

완장은 변혁기 사생아였다. 변혁 소리 높을 때 물결친 것이 완장이다. 완장은 호루라기를 부는 사람이 찼다. 호루라기를 불어 강제하고 입을 다물게 했던 권력이었다. 살기를 번뜩이며 반동을 가려내고 무참하게 처단했다. 소름 끼치는 독기로 빨갱이를 가려내고 처단했던 청색 완장시대도 있었다. 완장은 계급 문화 단면이었다. 군중을 통제하거나 지배했던 상징물이었다. 완장은 사회를 경직되게 만들고 우열을 시키며 자유를 박탈한 권력이었다. 누구도 권력남용의 욕망을 완전하게 제어하지는 못했다. 완장은 자격이나 지위를 나타내기 위하여 천이나 비닐로 만들어 팔에 두르는 띠를 말한다. 완장에는 권력이 숨어 숨 쉬고 있다. 군자는 완장을 차고 자신을 다스린다. 수도자가 되어 자기 통제를 한다. 졸부가 완장을 두르면 마음이 흐려져 사람 위에 군림한다. 사람이 간사하다는 것을 알려면 완장을 채워보면 안다,

*

살아온 삶을 되돌아보면 완장을 찬 일이 많았다. 초. 중학교 학령기에 반장, 학생회장, 선도부 완장을 여러 번 찼다. 학령기 완장은 성적순이었다. 반장은 눈에 띄는 완장을 차지는 않았지만 묵시적으로 인정한 완장을 찼다. 반을 이끌어 가도록 부여된 완장은 선생님 권한 위임을 등에 업고 반을 지배하는 권력이었다. 등굣길 교문 앞에 완장을 차고 서있는 내가 후배들에게 공포의

대상이었다. 완장을 찬 나와 선도부는 단순한 선배나 동료가 아닌 권력이었다. 완장의 뒤에는 학교라는 절대 권력이 강력히 지지하고 있었다. 완장문화가 세상을 지배하던 시절이었다. 목은 뻣뻣하고 눈은 부릅떠져 있었다. 나는 완장을 차고 호루라기를 불며 복장이 불량한 후배 학생들에게 매를 들고 무정하게 휘둘렀다. 완장의 명령과 제재에 주눅 들어 자유와 인격을 제대로 내세우지 못했다. 모두는 선도부 요원들에게 맹목적으로 따라야 했다.

오랜 회사생활을 하면서 완장문화에 적응했다. 대리에서 부장까지 긴 세월 완장문화에서 각기 다른 권력이 부여된 완장을 차고 조직에 충직했다. 완장은 권력을 수반했기에 시기와 존경을 함께 받았다.

*

비민주적이고 몰인격적으로 범란 했던 회사의 완장문화는 민주화 바람 산물인 노동조합이 생길 때까지 활개를 쳤다. 처음 회사에 입사했을 때는 노란색 완장을 찬 사람들이 많았다. 회사의 권한을 위임받았다는 표시였다. 조직의 목표 달성을 위해서 몇몇 사람이 눈에 잘 띄는 노란색 완장을 찼다. 회사설립 초창기라 다른 회사에서 근무한 경력이 있는 기능인들이 이직을 하면서 완장을 차는 경우가 많았다. 그들은 회사에서 직위가 준 권력의 완장을 찼다. 비민주적인 완장을 차고 지배하고 주어진 관리감독을 했다.

학생군사교육단 출신 관리자들이 대거 공채되어 완장을 차고 군

대식 조직문화 강화에 전력을 다했다. 상의하달에 충실한 완장들은 인사권으로 위협을 주며 군기잡기에 몰두했다. 마찰과 충돌은 불가피했다. 완장을 찬 사람들은 대개 자신의 약점은 감추어버리고 완장 권력을 이용하는 경우가 많았다. 일부러 감추는 경우는 얼굴에 나타나 표시가 났다.

본인이 대접받아야 하고 승진을 해야 한다는 고장 난 생각으로 위로만 바라보는 해바라기 완장이 문제를 일으켰다. 폭압적인 완장을 차고 위세를 휘두르려고 하는 그들이 동료들을 괴롭혔다. 회사 권력이라는 막강한 비호 아래 완장을 차고 자신의 이익을 취하는 행동이 직원들의 반감을 샀다. 그 완장은 축구에서 주장이 찼던 완장이 아니었다. 욕망은 숨기고 포장된 이미지를 완장을 찬 사람들이 보여주며 아부했다. 지나칠 정도로 남을 질타하고 마구 대했다. 반항은 고과가 낮게 책정되어 승진과 월급 인상과도 직결되기에 모멸도 참아야 했다. 파렴치한 폭언에 대항하다 많은 동료들이 회사를 떠났다. 완장을 차고 호루라기를 부는 위치가 은근히 우러러 보였다. 입신출세가 만연한 시대라 완장은 상승욕구의 목표였기 때문이다.

*

오래전 노동조합에서는 나에게 노조위원장 선관위원이란 완장을 채웠다. 내 완장을 제거하려는 회사의 압력은 대단했다. 선관위 관련 업무를 준비하려는 행위를 근절시키는데 주력했다. 회사 완장을 찬 사람들이 일거일동을 일일이 감시를 하고 근무지 무단이탈자로 낙인을 찍었다. 회사 압력에 심한 갈등을 겪었다. 오죽했으면 노동운동가들은 정신무장이 강력하지 않으면 무너진다는 사실이 이해되었다. 회사에서 채워준 완장과 노조에서 채운 완장이 갈등을 벌이기 시작했다. 회사는 초대 노조집행부를 인정하지 않았고 회유와 협박으로 일관했다. 법원으로 부터 위원장 선거 무효가처분을 받아내 무효화 시켜 버렸으며, 법원 결정에 선관위도 위원장선거 무효화를 선언하고 완장을 접었다. 분노한 조선소 노동자와 가족 6만여 명이 샌딩머신, 지게차, 소방차, 덤프트럭 등의 중장비를 앞세워 시청으로 행진했다. 128일간 파업과 투쟁으로 이어져 승리한, 완장문화를 파괴한 투쟁이었다.

노동운동은 권위주의 일색이었던 완장문화를 넘어선 민주화에 기여했다. 인권을 위협하던 일도 사라지고 화합과 업무중심 관리자들로 완장 색깔이 바뀌기 시작했다. 선진화가 된 노사문화가 정착이 되기 시작했다. 완장은 힘을 잃었지만 감투를 쓰려는 경쟁은 지금도 계속되고 있다. 상승욕구 DNA가 깊이 뿌리내리고 있기 때문이다. 감투를 쓰면 카리스마가 생기고 기세등등해 지는데 감투는 권위 상징으로 존재하고 있기 때문이다.

회사를 퇴직하면서 수직조직의 완장문화에서 해방되었다. 조끼 완장을 입고 몸을 낮추어 자발적으로 지역사회 봉사 활동을 자주 나간다. 수직의 완장을 지우고 수평의 완장을 차고 지역사회 봉사 활동에 참여하고 있다.

호흡음을 내다

*

기절할 듯 격하게 토해내는 숨소리가 있다. 뭇사람이 쉬이 흉내 낼 수 없는 호흡음이다. 극도로 격해진 숨고르기를 위해 내쉬는 파열음이다. 격하게 내는 호흡음은 해녀가 몰아쉬며 내는 숨비소리 보다 격한 소리다. 깔딱 고개를 오르면서 호흡이 격해지면 차랑차랑해져 길게 내쉬는 소리다. 등산은 수백 수천 번 격한 숨을 토해내야만 비로소 정상에 오를 수 있다. 코가 산에 닿을 만큼 가파른 산은 격한 숨을 참고 견뎌야만 오를 수 있다. 정상은 쉽게 오르는 대상이 아니고, 인고의 견딤을 이겨내야만 성취된다. 산을 오르면서 호흡음을 자주 내쉬게 되면 건강으로 가는 지름길이 된다. 내 건강상태를 알려주는 호흡음을 진단하기 위해 가파른 산에 자주 오른다.

*

중년 이편에서 도전한 100리 길 산행. 몇 해 전 울산산악연합회가 주관한 '울산 어울림 길 산행' 40km에 참가했다. 방어진에서 경주 외동 이화마을까지 걷는 머나먼 등산이다. 닥친 절박함이 아닌 활력을 위해 도전했다. 수백 번 호흡음을 내며 오르고 내리기를 반복하여 장장 10시간을 탯줄 같은 좁은 길도 마다하지 않고 묵묵히 걸어야 하는 등산에 참가했다.

꼭두새벽에 마주한 검은 산. 두려움을 일게 하고 설렘이 있는 산에 섰다. 호방하면서도 거친 길이 이어진다. 신이 만들어 놓은 산은 제각기 다른 모습을 지녔다. 엇비슷한 산길이 이어지고, 굽이친 산길을 타고 인생이란 봇짐 하나 짊어지고 길을 걷는다. 비행하는 바람이 가파른 능선을 타고 앞서 갔다. 수평선을 갈라 찬연한 먼동이 새벽 빗장을 열기 시작한다. 한 번도 경험하지 못한 새날이 열리고, 상큼하고 잔잔한 새벽과 마주했다. 동해 바닷바람이 짜릿한 전율 이는 추파를 던졌다. 활기를 잃은 현대중공업 조선소의 골리앗크레인 사이로 해무가 넘나들고 있지만 용접 불똥은 보이지 않는다. 진사들이 시라진 황량한 조선소 야드에 노승처럼 멈춰 서서 묵언 중이다. 불황으로 쌓인 번뇌를 정갈하게 씻어 달라고 기도를 하고 있는 듯하다.

거대한 물상이 멈춘 조선소 야드에 싸늘한 공기가 흐르고 있다. 가던 걸음을 멈춰 서서 야드를 바라본다. 멈춤은 출발의 신호탄이다. 다시 일어나 시작하는 경계선이 아닌가. 머잖아 골리

앗크레인도 힘차게 움직일 것이다. 그런 긍정적인 희망을 뒤로 하고 거친 호흡음을 내며 가파른 산길을 오르기 시작한다. 여태껏 잘 드러나지 않았던 내 육신의 이상 신호들이 나타난다.

*

불끈 솟구치는 햇덩이, 먼 심해로부터 뻗쳐 온 금빛 광휘의 아름다움이 주먹을 쥐게 환희를 준다. 처진 등을 펴고 고개도 바로 세워 힘을 얻는다. 푸른색 옷을 입고 척박한 바위틈에서 끈질긴 삶을 사는 노송을 만났다. 산봉우리에 선 산양처럼 보인다. 비눗방울 구름이 나무에 걸려 오열하고 먼동에 물든 하늘마저 내려앉아 우아한 동양화 한 편을 그려 내고 있다.

유혹했던 바람이 소나무 가지에 낯 뜨거운 성희롱을 하고 있다. 삽상한 바람에 나뭇가지들이 수런거린다. 흔들림은 짝을 유혹하는 표시다. 신선이 꾸민 도원의 아침을 맞이했다. 서로를 받아들여 닮은 듯 하늘과 땅의 파노라마가 황홀하다.

비행하는 바람이 등을 떠밀어 올린다. 온몸이 갈수록 체온에 데워진다. 흘러내린 땀이 몸을 덧칠한다. 다리는 고통을 호소하고 무릎이 아파 온다. 능선을 걷고 골짜기를 걸어, 가파른 고개를 넘고 또 넘어 강행군이다. 뒤뚱거리는 다리에 힘을 주고, 배낭끈도 당기고 또 다른 고개를 넘기 위해 칼날 같은 바위에 몸을 싣는다. 가파른 절벽이 위험 신호를 보냈는데 순간 방심은 목숨과 바꿔야 한다. 까마득하게 가파른 낭떠러지가 공포감을 준다. 희광이가 칼자루를 휘두르며 위협하고 저승사자 검은 그림자가 계곡 아래에서 흉측한 미소를 지으며 어른거린다. 완만한 능선은 걷기가 쉽지만 깔딱 고개는 많은 에너지를 쏟으며 호흡음을 내야만 한다. 호흡음을 반복해서 내며 행군을 한다. 입안의 단내가 후각을 자극한다. 물을 마시면 숨소리가 목에 걸려 더 격한 소리를 낸다. 노거수에 등을 기대어 기를 충전한다.

돌아보니 참 많이도 걸었다. 100리 길, 장장 열 시간을 걸었다. 아직도 남은 힘이 있고 더 강해진 등산 능력이 있으니 남은 인생에 자신감이 생긴다.

*

체력을 키워 삶의 현안을 극복하기 위해서 불혹의 나이에 시작한 등산. 괴롭고 지친 호흡음을 들이켜는 회사생활을 이겨내고 싶었기 때문이었다. 듣는 이 없는 허공을 향해 사악한 비어를 내는 포효를 하면서 나를 달랬다. 축구도 해보고 마라톤도 해봤다. 속도만 요구하고 장소 이동에 불과할 뿐 별로였다. 절박한 호흡음을 줄이지 못했다. 건강이 허약해 일상의 수렁에서 벗어나기 위해 산을 찾았고, 회사와 산을 오가는 이중주를 노래했다. 힘이 부칠 때마다 쉬는 거친 호흡음. '저 먼 곳을 향하여' 오르는 산이 설렘과 두려움이 앞섰다. 땡볕 아래서 걸었고, 비바람 치는 능선, 눈보라가 길을 막는 혹한에도 산을 오르며 호흡음을 거칠게 냈다.

등산 초기에는 힘들고 고달픈 호흡음을 냈다. 그 횟수만큼 산행 능력은 늘어났다. 등산의 재미는 자유를 탐닉하게 했다. 자유는 인생의 유희를 누리게 했고, 자아를 깨닫는 마중물이 되었다. 깊은 산과 계곡을 망설임 없이 드나들었던 등산. 청년은 눈매 날렵한 독수리가 되어 산처럼 살았다. 별이 빛나는 창공을 바라보며 걸어서 좋았다. 악머구리 소리를 들으며 걷는 길이라 좋았다. 아무리 힘들고 힘이 들어도 기쁘게 이겨냈다. 미쳤다는 소리를 들을 만큼 의지 하나로 호흡음을 내면서 산을 오르내리기를 18년. 지금은 한 달에 두 번 동호인 산악회에 동참해 격한 호흡음을 내고 있다. 온몸으로 몸을 밀어 또 다른 산을 오른다. 깔딱 고개도 늘어나고 숨소리도 거칠어지듯이 삶도 인생도 그렇지 싶어 산을 오른다. 산은 자기 발로 올라가야 하고 내려와야 하는, 누구도 대신할 수 없는 등산이요 삶이 아닌가. 가파르게 오른 만큼 내리막도 가파르다. 바람에 등 떠밀려 내려오는 길은 몸을 긴장하게 하는 등산. 노년의 놀이터 삼아 육신을 단련시키고 있다.

*

중년의 나이에 가슴을 자맥질하고 요동치는 심장소리를 듣는다. 호흡음을 낼 때마다 몸에서 뭔가 빠져나가는 상쾌한 느낌을 주는 벅찬 햇덩이 같다.

호흡음은 내 삶에 행복이 품에 안기는 소리다. 그래서 나를 위하여 삶의 호흡음을 다스리고 부릴 참이다. 몸이 허락하는 날까지 산에 오르며 호흡음을 낼 참이다. 자연산 산소를 폐에 가득 담아 건강한 삶을 누릴 참이다. 마음에 기쁨을 새겨 늘 미소가 흐르게 해 안고 있는 근심을 떨쳐 버릴 것이다. 묵힌 찌꺼기를 토하는 호흡음을 내며 인생을 영위할 것이다. 호흡음은 내 속을 비우고 새 에너지를 채우는 중대한 일이기에 계속 낼 것이다.

3부

떨켜를 만들다

가자미

*

방어진 어시장 좌판에서 마른 참가자미 몇 마리를 충동적으로 샀다. 숯불에 구워서 먹으면 맛이 좋을 거라는 식탐이 군침을 당겼기 때문이다. 유년에 화롯불에 구워서 먹던 감칠맛 나는 식감이 충동구매를 부추겼다. 넓적하고 타원형에 포동포동하게 살이 올라 있는 참가자미가 유혹한 것이다.

어전을 나서는데 가자미 무리들이 반쯤 감긴 눈으로 나를 노려보고 있다. 가자미눈으로 건방지게 쳐다보며 원망을 보낸다. 동료를 앗겼으니 분노한 눈초린가 왠지 뒤통수가 근질하다. 그래도 양 손에 가자미를 들고 있는 나는 오금이 풀린 사람마냥 그저 즐겁다. 비닐봉지 속에서 침묵하고 있는 가자미마저 밉상한 눈초리로 나를 노려보고 있다. 잘게 돋아나 있는 비늘이 햇살에 반짝인다. 바다 밑에서 살았던 탓에 몸통도 끈끈하고 탄력이 있어 보인다. 위쪽은 연갈색이고 배는 흰색인 가자미. 수시로 채색을 바꿔 식별하기가 어려운 카멜레온이다. 변색해 은둔해 있어도 어부의 올무는 피하지 못했나 보다. '얇은 접시는 햇빛이 들지 않는다.'했던가. 깊은 바다 밑바닥에 몸을 낮춰 사는 가자미기에 범접할 수 없는 맛을 낸다.

*

가자미는 한자로 비목어比目魚, 접어라 표기한다. 넙칫과 물고기인 가자미, 광어, 서대, 도다리를 일컫는다. 비목어는 한쪽 눈으로 살아간다. 홀로 바다에 유영을 할 때 동료 물고기와 함께해가야 전진을 할 수 있다.

둘이 있을 때 완전해진다는 비목어의 따뜻한 사랑 이야기는 감동을 준다. 한 쌍의 눈처럼 같이 다닌다는, 떨어져서는 안 되는 비목어가 짝을 이루어야 헤엄을 칠 수 있는 사랑하는 사이 '비목동행比目同行'이 만들어 졌다.

짝이 없으면 날지 못하는 전설의 새 비익조를 떠올린다. 세상에 비목어나 비익조로 살아가는 사람들의 삶이 생각난다. 비목어와 비익조는 사랑과 동행을 상징한다. 물고기에 불과한 가자미가 어떤 것이 소중하고 왜 사랑이 중요한지 뼈 있는 훈육을 한다. 홀로 살아가기가 편한 작금에 가자미 사랑이 궁상맞게 우러러봐 진다. 그 가자미를 구워 먹으면 내 마음속에도 사랑과 애정, 그리움과 애틋함, 우정 DNA가 심어져 인생이 더 즐거울 지도 모른다. 세상은 한갓 미물인 가자미처럼 혼자가 아닌 사랑과 연결되어 살아가기를 갈구하고 있는지 모른다. 인생은 혼자 걷는 고독한 존재지만 누군가를 서로 사랑하며 걷는 동행을 해야 제멋 나게 살아가지 싶다.

*

가자미는 어릴 때는 눈이 양쪽에 있다. 성장하며 오른쪽으로 돌아간다. 위기마다 머리를 수그리는 습성이 배여 왼눈이 점차 오른쪽으로 옮겨진다. 반대로 광어는 왼쪽으로 돌아가 구별이 된다. 좌광우도 대중어가 생겼다. 광어는 넙치의 한자어다. 넓적하게 누워있는 생선을 부르는 순우리말이다. 비목어 눈이 한쪽으로 돌아간 이유는 바다 밑 모래에 숨어 살기 때문이다. 납작 엎드려 사는 환경과 유전적 요인에 의해 진화를 한 것이다.

서로 반대편에 눈을 가진 가자미와 광어는 사촌이다. 눈이 돌아가 놀아 줄 친구가 없어 붙어 다니기 때문이라고 그럴듯한 민담이 전해져 내려온다. 가자미를 메기가 재수 없다며 때려 눈이 한쪽으로 쏠렸다는 민담이 있다. 설화는 자식을 미워했던 계모가 죽어 태어난 고기가 가자미라 했다. 그래서 가자미 원어인 갖어미는 거짓 어미란 뜻이 있다.

눈을 감고 바다 밑바닥에 은둔해 사는 가자미의 삶을 상상해 본다. 태초에 가자미도 뭇 물고기들과 바닷물 한복판에서 자유로이 살았을 것이다. 그러나 강한 물고기들이 늘 약한 물고기들을 잡아먹으러 돌아다니는데 가자미도 처음에는 살기 위해 도망 다녔을 것이다. 그러다 적을 피해 다니다 어느 순간 바다 밑바닥에 모래밭에 바짝 엎드려 피했을 것이다. 덕분에 그곳이 고향이 되고 말았다. 가자미는 바다 밑바닥에 자기 몸을 뉘려고 애썼고, 오랜 세월 유배생활하듯 지나다 익숙해져 터를 잡고 말았다. 바닥 인생이어도 좋았다. 아무 방해도 받지 않는 깊은 바다에 은둔하며 생의 참의미를 깨우쳤다. 자존감을 버리고 가장 낮게 엎드려 부쟁지덕不爭之德과 하위의 철학을 실천하며 살았다. 다투지 않고 온전하게 하고, 몸을 낮추어 바다의 아랫자리에 삶의 터전을 잡았다. 생존을 위해 변색도 하지만 혹여 강한 고기에게 잡힐세라 눈치를 보느라 두 눈이 오른쪽으로 붙어버렸다. 못생긴 생김새도, 죄인처럼 엎드린 것도 생존의 방편이기에 건방진 고기라 여기면 편견이다.

내 고향 울진 바다에는 온돌가자미를 삭혀 만든 가자미식해가 유명하다. 특히 녹측이라 해서 지느러미와 연결된 뼈 사이에 있는 기둥같이 생긴 살코기로 쫄깃쫄깃해 씹히는 맛이 과히 일품이다. 한국 근해에서 많이 잡혀 흔하지만 버릴 것 하나 없는 국가대표 급 생선이 가자미다. 동의보감에도 가자미를 허한 곳을 채워주고 기를 더해주는 음식이라 했다. 노릇하게 잘 구운 가자미를 입에 넣어 두눈박이 사랑을 가슴에 심어 본다. 미식가 경지에 오른 제대로 된 가자미 요리 맛, 도다리쑥국으로 봄맛을, 구이로 밥상을 마주하고 싶다. 가자미 찜과 가자미식해를 즐기고 싶다.

*

가자미눈을 유심히 보면 마치 내 자화상을 보는 것 같다. 가자미눈을 보면 작고 험상궂게 생겨서 보는 순간 정나미가 뚝 떨어진다. 유난히 눈의 크기가 작은 나는 화가 났거나, 언짢은 일이 있으면 남들에게 표정이 험악하게 보였다. 내가 봐도 굳어 있는 표정이니 오죽하랴.

유년에 알 수 없는 이유로 성격이 날카로워지고 공격적인 적이 있었다. 감정 억제가 제대로 되지 않아 나이 많은 선배들과 싸움질도 자주 했다. 부러진 날개로 싸워 이기는 법을 익혔고, 일찍이 동네 골목대장이 되었다. 한껏 독이 올라 방목하는 말처럼 제멋대로 또래 아이들을 지배했다. 타고난 본성을 어찌해볼 생각은 거의 하지 않으면서 외눈박이로 지냈다. 또래들이 멀리할 때는 외눈박이처럼 외롭고 남모를 가슴앓이를 했다. 아픔과 외로움에 시달리자 반성과 행동변화를 해야겠다는 신호가 왔다. 아픔이 바르게 치유가 되면서 대나무처럼 새로운 마디에 싹이 돋아났다. 얼굴에 미소를 지어 내 모습의 단점을 고쳐보려고 애를 썼기 때문이다. 수만 가지 얼굴 신경을 조화롭게 조절하여 작은 눈의 단점을 보완했다. 외눈박이 가자미눈처럼 나다운 모습을 보여주며 늘 미소를 달고 다녔다. 부드러운 언어 표현을 가미시켜 가면서 새로운 이미지 변신을 시도했다. 오체투지로 수련하고 참선에 가까운 표정관리로 두눈박이를 만들었다.

*

평생 두 마리가 붙어 다닌다는 외눈박이. 눈도 지느러미도 하나여서 헤엄도 자유롭게 못 치지만, 운명적으로 짝을 이루어 사랑하며 살아가고 있다. 어쩌면 사랑하지 않기에 겪게 되는 아픔과 슬픔을 알기 때문인지도 모른다. 살면서 분열과 갈등이 있으면 외눈박이는 가슴에 새겨야 할 좌우명이다. 질풍노도와 같이 거침이 없이 활개를 했던 젊은 날의 외눈박이 방황. 간섭을 받지 않고 혼자이고 싶었던 사춘기 방황을 끝내고 어른이 된 세월. 지금 생각해보면 한 번은 외눈박이로 살아 볼 가치가 있다고 생각한다.

사춘기의 경험을 바탕으로 외롭지 않은 두눈박이로 살아갈 준비를 한다. 세대 차이에서 오는 보이지 않는 경계. 옮은 이해심과 포용심이 가져온 대인관계의 오해와 갈등. 외눈박이를 탈피해 이해하고 사랑하는 두눈박이 인생이 필요하다. 두눈박이로 동행을 하며 살아갈 것이다. 비익조 비목어의 사랑과 협동정신을 본받아 제2기 인생을 영위할 참이다.

제피나물

*

완연한 봄바람이 불기 시작하더니 아내 마음속까지 파고 들어갔나 보다. 코로나바이러스로 온 세상이 뒤숭숭한데 느닷없이 제피나물 따러 가잔다. 거절할 요량으로 아내 표정을 보니 간절함이 가득 차 있어 얼굴을 피했다. 아내의 간절함이 나서기를 싫어하는 내 마음을 송두리째 움직이고 말았다. 아내의 말을 들으면 자다가도 떡이 생긴다나. 나잇살이 덜 먹었을 때는 거절을 하더라도 넘어갔지만 이제는 거절도 그리 녹록하지 않다.

누리는 온통 봄이 지배하고 있다. 앙상한 나뭇가지에 움이 트더니 이내 화사한 꽃으로 장식했다. 술렁이는 가슴을 억누르며 반구대를 지나 인적이 드문 산골짜기에 들어왔다. 봄의 햇살이 따갑게 쏟아진다. 골짜기는 아직 찬바람이 불고, 마른가지 사이로 봄이 분칠을 하고 있다. 햇볕은 겨울잠에 빠져 있는 뭇 생명체에 봄 열기를 내뿜어 잠을 깨운다. 더러는 두터운 흙을 뚫고 나온 새싹들이 환호성을 지르고 있는 듯하다. 골짜기에는 즐비한 나무와 기화요초琪花瑤草를 선보이며 한껏 봄의 향연을 연출하고 있다. 인간세상은 역병으로 각자도생 중이지만 골짜기는 평온하고 역동적이다.

*

제법 깊은 골짜기에 들어서자 너무 조용해 약간의 두려움마저 일었다. 낯선 곳은 두려운 법인가. 오늘따라 하늘에서 비행기 소음이 엄청 심하다. 귀청을 괴롭히고 골짜기가 쩡쩡 울릴 만큼 굉음이 울려 두려움이 가중된다. 다람쥐가 놀라 풀쩍 뛰며 도망을 친다. 조용했던 계곡에 침입자가 온 탓인지 하나같이 긴장된 분위기다. 나뭇가지를 흔들며 침입자를 경계하고 있다.

낯선 골짜기에 쓰러져 요괴처럼 생긴 나무들이 무섭다. 두려움에 약한 내 본성이 드러나기 시작한다. 난공불락 상황도 아닌데 왠지 조마조마하고 있다. 뇌는 온통 부정적 생각으로 가득 차 있다. 혹여 멧돼지가 덤빌지도 모른다. 비좁은 골짜기에서 끔찍한 일이 벌어진다면 꼼짝없이 당할 것 같다.

나무 위에서 산새 울음소리가 들린다. 반가워 우는 게 아니다. 야생 맹수가 있다고 알려주는 소리이며 낯선 적이 왔음을 동료들에게 알리는 신호지 싶기도 하다. 새가 우는 의도를 몰라 이상한 생각을 하는 내가 안타깝다. 부정적인 생각으로 가득한 두뇌가 불만이다. 새는 새끼를 보호하기 위해 침입자의 눈을 자신에게 유인하는 본성이 있다. 반대편 어디엔가 새끼나 알이 들어있는 둥지가 있을 거라는 확신을 가지며 생각을 접었다.

나뭇가지로 지팡이를 만들었다. 지팡이로 땅을 내리치면서 소리를 냈다. 방어할 무기가 생긴 탓인지 멧돼지 공포가 조금 사라지고 평상심을 찾았다. 두려움을 극복하는 무기가 고작 지팡이라는 사실에 나약한 나를 발견한다. 불안한 마음에서 서두르다 제피나물 가시에 손가락이 찔려 피가 났다. 조심하지 않은 나를 책망한다.

*

길이 없는 산골짜기를 마구 타고 걸었더니 내 발자국이 새 길을 만들었다. 길은 애초에 산짐승이 개척했고, 사냥감을 따라온 사람이 만들었다 했다. 내가 걸어온 길을 뒤돌아본다. 구비 도는 산허리를 타고 길게 이어지는 길이 내가 걸어온 인생의 역로처럼 여겨져 흥미롭다. 험난한 덤불을 헤치고 모난 돌덩이, 아스라한 언덕을 넘었다. 계곡물을 건너며 빠져 발을 적시기도 하고, 넘어지며 걸어온 내 인생길이지 싶다. 길의 어느 곳 어디에도 쉽지 않은 장애물이 앞을 가로막는다. 어차피 넘어야 할 인생의 장애물. 자근자근 돌다리를 두드려 보고, 경계하며 조심스럽게 넘어갈 것이다.

제피나무들이 군락을 이루어 띄엄띄엄 서있는 위치에 도착했다. 가파른 능선을 따라 제피나무가 향을 내뿜으며 내 눈에 잡힌다. 한 곳에 무리 지어 있으되 철저하게 일정한 거리를 두고 자리 잡고 서있다. 유심히 봐야 제피가 보인다. 숨바꼭질하듯이 한동안 찾아봐야 눈에 띈다. 술래가 된 제피나무는 동심 속의 놀이가 아닌 발견되면 생존 위험에 처한다. 주변의 나무들이 침입자로 하여금 착각을 일으키도록 잎을 내 가로막는다. 더러는 침입자 눈에 띄지 않아 무사히 넘어간 제피나무도 있을 것이다.

파릇하게 돋아 난 잎을 통째로 따려고 제피나무 가까이까지 다가섰다. 두려워 떨고 있는 것일까. 온몸을 바람에 일렁이며 떨고 있는 것 같다. 나뭇가지 끝에 치렁치렁하게 돋아나는 연두 잎이 몸에 전율을 느끼게 한다. 자신을 해하려는 침입자를 알아봤다는 듯이 파릇한 잎을 아낌없이 내준다. 자신을 내어 줌으로써 침입자를 만족시켜 주변 동료를 보호하려 하고 있다. 몽우리 져 있는 잎만 따고 더는 욕심을 내지 않았다. 물질하는 해녀가 과한 욕심을 안 부리듯이 산에서도 욕심이 과하면 탈이 날지 모르지 싶어서다. 세상에 나타난 고귀한 생명체 잎을 따는 양심이 욕심을 경계하고 나섰다.

진한 향을 내뿜으며 잎을 내놓는다. 뾰족한 가시는 여전히 나를 겨눈다. 욕심을 버린 탓에 작은 초록색 잎은 침입자의 손아귀에서 겨우 벗어났다. 동료를 구하려는 희생인가, 주변의 나무들이 가녀린 가지로 저지한다. 다리를 걸고, 얼굴과 노출 된 신체를 향해 무자비하게 공격을 가해온다. 무성한 나뭇가지와 전투를 벌이느라 몸의 곳곳에서 가벼운 통증이 발생한다.

*

뒤돌아보니 저만치서 연두색 제피나무가 산들바람에 휘어져 인사를 한다. 자신을 헤치지 않아서 고맙다는 고백을 하는 듯 경건하게 잔가지를 흔든다. 바람이 길을 따라가다가 잠시 스쳐가며 나무의 감정 회로를 자극했나 보다. 동시에 내 기분에 행복한 감정이 생겨나는 생명현상 시스템이 작동을 한다.

작업은 끝나고 자루에는 채취한 파릇파릇한 제피나물의 향기로 가득하다. 봄을 집안에 들여 놓자 방안에 봄기운이 코로나바이러스 감염증을 물리칠 법 하다. 옛날 후궁들의 담장과 방에 제피나무 액체를 발라 귀신을 물리친 나물이다. 내 몸 안의 잔병인 소화불량, 염증, 기침까지 물리치는 신통한 물상이다.

아내는 장아찌를 담기 위해 이파리를 다듬고 티를 걸러 내느라 분주하다. 제피는 추어탕에 넣어 먹지만 봄에는 잎으로 나물을 해서 먹는다고 했다. 간장에 저려 숙성시키면 제피나물 장아찌가 만들어진다. 강렬한 향기를 우려내어 독특한 장아찌 맛을 만들어 낼 것이다. 이렇게 하려고 산자락에 터를 잡고 그렇게 강렬한 향기를 풍기고 있었나 보다.

제피나무 껍질로 가루를 만들어 매운탕에 넣어 먹는데 신목이지 싶다. 제피는 물고기에게는 천적인 독성을 지닌 나무다. 매운탕을 끓일 때 물고기 특유의 비린내를 없애는데 제피가루를 사용하는 것도 이런 이유다. 내 유년에는 빻은 제피나무 잎을 강물에 풀었다. 얼마나 독성이 강한지 뱀장어가 숨어있는 큰 바위에 제피를 풀면 기절해서 밖으로 나왔다. 뱀장어와 잡어로 매운탕을 끓인 후 제핏가루를 넣으면 몸을 풀어 제대로 맛을 냈다.

삼겹살에 제피나물 잎을 싸서 먹으니 입안에서 향과 미각이 춤을 춘다. 발품을 팔아서 직접 채취한 나물이어서 그런지 빼어난 미각을 풍겨 낸다. 소주에 제피나무 잎을 넣어 향으로 마시는 술맛 또한 일품이다. 향긋한 향이 몸속을 씻어내면서 잔병과 잡념까지 물리치고 청결하게 해 줄 것 같다. 집안에 가득한 제피나물 향기를 맡으며 일어서는 봄기운을 만끽해 본다.

누름돌

*

큼직한 누름돌이 우리 집 베란다 한쪽 구석에 소금포대 받침대로 놓여있다. 누름돌 역할에서 전업해 소금포대 받침대 역할을 하며 자리를 보존하고 있다. 언제부터인가 다듬잇돌은 화단으로, 돌절구도 옥상 화분으로 옮겨졌다. 그나마 운 좋게 원래 놓였던 자리를 지키고 있는 돌은 누름돌이 유일하다. 세상 어디서 구르다 온 돌인지 모르지만 반들반들하고 둥글게 잘생겼다. 허투루 보아서는 평범한 돌이다. 자세히 보면 퍽 가치가 보이는 돌이다. '황금 보기를 돌같이 하라' 했던가. 보석과 평범한 돌의 경계를 오간다.

누름돌은 내가 어느 강가에서 주워온 물상이다. 누름돌도 처음에 모난 돌이었을 게다. 거센 물살에 깎이고 돌끼리 부딪혀 둥글게 닳았지 싶다. 질고를 견뎌 내며 생을 놓고 싶은 마음을 꾹꾹 눌러 삭혔을 것이다. 반들반들하게 닳은 누름돌이 되기는 쉽지 않다. 살점을 내어주고 자연에 순응했으며, 죄다 내려놓음으로써 마침내 누름돌로 간택된 것이다. 누름돌도 처음에 입주하면서 그 옛날 갓 시집온 신부처럼 결심했을 것이다. 누름돌 무게로 숨을 죽이고, 둥그스름하고 반듯하게 살기로 했을 것이다. 그 누름돌이 몸을 낮추고 결연한 수도자의 모습을 하고 있다.

*

누름돌의 본업은 대상물을 위에서 지그시 눌러 숨통을 죽이는 일이다. 눌러 놓고 기다리면 숙성되고 수분이 빠져 고급 먹거리를 만들어 낸다. 결코 자신의 욕심이나 이득을 편취하지 않고 원래의 모습으로 돌아간다. 우직한 뚝심으로 균형을 잡아 원하는 일이 소기에 성취되도록 해준다. 패위회목佩韋晦木처럼 마음을 누그러뜨리고 인내하며 눌러 가라앉힌다.

김치가 수북한 독 위에 올려서 그 무게로 배추의 숨을 죽이는 누름돌이다. 김치의 발효 과정 중 위를 눌러서 공기접촉을 막는 역할을 하는 것이나. 김치가 참맛을 내기 위해 다섯 번 이상 죽어야 한다. 김칫독에 넣어 땅속에 깊이 묻고 누름돌에 눌러 죽어야 제대로 된 김치가 되는 것이다.

오이지, 깻잎, 삭힌 고추, 장아찌, 간장게장도 누름돌로 눌러야 부패되지 않고, 간이 잘 배어서 제대로 된 맛을 낼 수 있다.

두부를 만드는데 누름돌이 필수다. 물에 불린 콩을 갈아 콩비지를 만든다. 구멍 뚫린 상자에 무명을 깔고 비지를 넣어 누름돌로 눌러 두면 된다.

매실을 담을 통에 비닐을 깔고 누름돌을 올린 뒤, 뚜껑을 닫고 실온에 2주 이상 숙성시키면 새콤한 매실 원액이 만들어진다고 한다.

세계적으로 인기가 있는 일본 전통음식인 스시도 누름돌이 필요하다. 민물생선을 소금에 절인 뒤 밥 속에 묻어 누름돌을 올려놓고 발효시킨다. 굴비 제조비법 중 염적염수법이 누름돌이 필요하다. 소금을 뿌린 조기를 쌓고 위에 식염을 뿌린 다음 누름돌을 얹어 놓는 방법이다.

내 유소년시절에 살았던 굴참나무 껍질을 벗겨 만든 굴피집이나 소나무를 도끼로 쪼개 넓적한 기와처럼 이용한 너와집 지붕도 누름돌로 지탱했다.

내 책상 위에도 책갈피를 눌러주는 작은 누름돌이 요긴하게 쓰이고 있다. 넘기고 싶은 책갈피를 눌러주고, 급하게 넘기고 싶은 마음을 눌러 세운다.

*

살면서 같은 돌이라도 어떻게 쓰느냐에 따라 걸림돌이 되거나 디딤돌이 되는 경우를 자주 접했다. 디딤돌을 위해 걸림돌을 제거하는데 노력하며 살았다. 마음에 누름돌을 품고 극복하고 견뎌냈기에 가능했지 싶기도 하다. 조직사회의 특성상 늘 좋은 일만 있지 않고, 화나고 속상한 일이 많았다. 한때 참지 못해 감정이 폭발했고, 한때는 꾹꾹 눌러 속에 삭히기도 했다.

끝없는 격무가 팽배한 회사생활, 동료끼리 각을 세우고 화를 참지 못해 감정이 폭발할 때가 비일비재했다. 누름돌마저 단숨에 날려버릴 만큼 세찬 바람이 불어 올 때도 있었다. 상사의 거슬리는 말 한마디와 행동, 배려하지 않은 태도에 화가 치밀 때가 많았다. 그럴 때마다 치솟는 화를 지그시 눌러 주는 누름돌이 있어 해소를 했다. 내 감정을 누르면서 가라앉힌 것은 마음속에 누름돌이 있었기 때문이다. 때로는 심한 갈등으로 더는 못 참고 인내에 한계가 오면 등산으로 해소했다. 풍만한 대자연의 품안이 고통과 번민을 눌러 주는 누름돌이 되어 화를 다스려 주었다. 마음을 안정시켜주는 등산이 회사생활을 원만하고, 흥겹고, 현명하게 지내는 법을 깨닫게 했다. 참선도 좋지만 자연 품으로 감싸 마음을 다스리고, 욕심과 번민을 내려놓는 법을 말없이 선두 지휘했다. 내가 회사에서 어떤 직위까지 올랐을 때도 직원들을 대하는데 누름돌의 지혜를 앞세워 소통하고 스스로 동기부여를 하도록 유도했다. 늘 자세를 낮추고, 참으면서 한 직장 38년 회사생활을 무사히 마쳤다.

컴퓨터게임에 빠져버린 두 아들을 키우면서 힘들고, 속상한 일이 있을 때마다 낮추고, 억눌러 주는 커다란 마음속 누름돌 덕분에 견뎌냈다. 적절히 눌러주는 희생과 사랑의 누름돌이 그들에게 작용해 고비를 넘겼다. 자아를 적당히 눌러주고 천천히 성숙하게 해준 누름돌을 품고 살았다. 인생의 줄기를 바로 잡아주고 바른 길로 이끌어준 누름돌 역할이 지대했다.

*

인생 이모작을 시작한 지 삼 년 반이 넘었다. 날마다 내 누름돌을 다듬으며 살고 있다. 모난 곳을 다듬고 둥글게 만드느라 많은 시간이 필요할 것이다. 여태껏 강압적인 외부 누름돌에 눌려 인생을 살았으니 이제부터 스스로 누름돌로 눌러 살아갈 것이다. 여태껏 살아오며 강제 누름돌에 대항하고 순응하느라 힘들었지만 자율로 눌러주는 누름돌을 만들었으니 다행이다.

인생 이모작은 넘치는 의욕과 함께 누름돌이 있어 조화를 이루고 있다. 화산처럼 폭발하지 않게 하는 누름돌이 있어 올곧은 길을 인도할 것이다. 세파의 오염물이 마음속에 침입하지 않도록 누름돌이 눌러 줄 것이다. 인생의 김치가 맛있게 익도록 지그시 눌러 주는 누름돌. 엇길로 가면 누름돌이 눌러 곧은길로 가게끔 압력을 가할 것이다. 욕망의 브레이크가 터져서 미끄러질 때도 누름돌이 등을 내주며 막아 줄 것이다. 불쑥불쑥 발발하는 돌발 상황에 대응할 누름돌이 있어 안심이다. 누름돌에 눌려서 성급한 성미를 다스려 가고 있다. 정화수를 떠놓고 천지신명께 기도하던 어머니의 정성으로 누름돌을 다듬고 행동에 옮길 것이다.

인생의 여정을 누름돌로 누르는 일은 구도를 향한 고행의 몸부림이다. 흔들리는 삶을 눌러주는 누름돌에 기대어 자연 같은 삶을 영위할 것이다. 내 마음의 균형을 잡아주는 누름돌이 얹혀 지그시 눌러주고 있다. 평범한 돌이지만 보면 볼수록 보배로운 누름돌이 나를 누르고 있다.

떨켜를 만들다

*

늦가을 나무는 떨켜를 작동시켜 수분을 억제해 만산홍엽으로 바뀌었다. 나무가 겨울을 나기 위해 떨켜를 만들어 잎의 명줄을 끊어놓은 것이다. 그래서인지 대암산을 오르며 본 비무장지대에도 만산홍엽을 이루고 있다. 신의 솜씨로 짠 색동치마처럼 붉고 노란 실을 꿰어 온 산을 단장해 놓았다.

떨켜의 장난인지 일교차가 커서 단풍은 더 곱고 가뭄에 말라 푸석거린다. 그냥 보내기가 아까워 세상에서 가장 아름다운 모습으로 떠나보낼 태세다. 내가 서 있는 민통선 산 능선에도 불그스레한 색깔이 마구 번져가고 있다. 총부리 겨눈 38선 경계를 지우며 절경의 단풍은 산허리를 감고 돌고 있다. 색시 볼에 찍은 연지곤지로 붉은 옷을 입는 산자락. 대암산에 빨갛고 노란

융단을 깔고 물감을 뿌려 성대한 축제를 준비한다. 단풍은 산허리를 누비며 투혼을 불태운다. 남북경계를 허물 듯 눈부시게 나뭇잎을 물들이고 있다. 갈바람에 나뭇잎은 만추의 춤을 춘다. 내 인생의 최전성기도 이만할까. 지나온 길을 돌아보니 화려했던 인생의 단풍이 지고 있다. 시간이 지나고 나면 내 영혼도 어느 골짜기에서 방황하다 낙엽처럼 뒹굴고 있을 것이다.

*

겨울이 오기 전에 매듭을 지어야 하는 나무는 떨켜 가동 시점을 계산한다. 나뭇가지에 매달린 조막손 잎을 하나둘 땅에 떨궈야 할 시점을 헤아린다. 아름답게 몸을 치장했던 나뭇잎을 내려놓을 생의 전환점이 다가온 것이다. 화려했던 만추의 꿈을 접고 단풍은 서서히 낙엽이 될 준비를 서두른다. 나무가 잎을 떨어뜨리는 것은 겨울나기 전략이다. 비워야 하는 숙명 앞에 초연한 자세로 잎을 강제로 떨궈야 한다. 자식을 떠나보내는 어미 심정으로 겨울을 나기 위해 비정하게 눈 딱 감고 미리 준비한 떨켜로 떨굴 시간이다. 떨켜로 잎을 떨구는 시간. 위기 극복을 위해 몰입을 발휘한다. 이별이 싫어 잎이 오열한다. 이별의 아쉬움과 슬픔은 나무에도 있나 보다. 자연에 순응하기 위해 비정한 진화도 마다하지 않는 것이 생존의 법칙이지 싶다.

생존을 위해 강제해고시키듯 잎을 떨궈야 한다. 기온이 내려가면 뿌리에서 흡수하는 수분은 줄고, 잎으로 빠지는 양은 변동 없어 부족하기 때문이다. 경영악화를 이유로 자식 같은 직원들을 퇴출시키는 행위와 같은 이치다.

떨켜는 자연의 순리에 따라 떠나야 할 시기를 알고 미리 알려준다. 낙엽은 나무의 생존을 위해 뜨거운 여름 햇볕을 견디며 에너지를 생산한다. 이젠 모체 생존을 위해 희생해야 될 운명을 기꺼이 받아들이고 있다. 수종에 따라 낙엽이 되는 시기만 다를 뿐 신이 부여한 필연적 운명이다. 그래서 낙엽을 보면 쓸쓸함, 외로움, 스산한 이미지가 떠오르나 보다. 추풍낙엽이 인간에게 희로애락의 감성을 울리는 이유는 이미지 때문이다.

*

나무의 꿈은 무성한 잎을 달고 울창한 숲을 이루는데 있다. 하지만 많은 나무에는 잎을 떨구는 떨켜가 있다. 잎과 가지를 잇는 경계에 있는 세포층이다. 가지에서 잎으로 연결된 수분 통로를 차단하면 잎은 엽록체 합성을 못 한다. 영양실조로 힘을 잃은 나뭇잎은 추풍낙엽 신세가 된다. 잔인하지만 식물들은 탄생때부터 떠날 때를 미리 알고 있기에 순응한다. 낙엽은 자기 멋대로 떨어지지 않는다. 우수수 지는 낙엽에도 잘 엮어진 각본처럼 준비된 순서가 있다. 낙엽은 봄날 처음 세상에 나온 잎이 가장 마지막까지 가지에 붙어 있고, 제일 나중에 나온 잎이 먼저 떨어진다. 나무줄기 아래부터 낙엽이 떨어져 꼭대기 잎이 끝까지 남아 있다. 낙엽은 태어난 둥지를 벗어나지 못하고 뒹구는 이유는 나무의 새로운 생을 위해 밑거름이 되어 흙으로 돌아가기 위해서다. 잎을 떨군 나무는 앙상한 가지를 부리며 겨울을 나고,

새로운 생의 마디를 만들기 위해 양분을 축적한다. 겨울이 오기 전에 떨켜를 작동시켜 잎을 퇴출시키고 질서를 잡아가는 것이다.

참나무는 떨켜가 생성되지 않아 비썩 말라 버티는 단풍으로 겨울을 난다. 오기와 치우친 고집으로 버티겠지만 단풍은 서리와 한파에 고사할 것이다. 자연에 순응하지 않고 항거하면 원하지 않는 비참한 죽음을 맞지 싶다. 떨켜 없는 나무는 치우친 외고집으로 마음을 비우지 못한 나와 비견된다. 남아있는 것은 자유지만 자연 순환법칙을 거역하면 고생을 피할 수 없다. 세상에 참나무처럼 자연에 순응하지 않고 살아남는 것은 흔하지 않다. 떨켜를 생성 못 한 참나무 잎이 가지에 걸려 바람에 흔들리고 있다. 순리에 따르고 성찰하지 않은 잎과 사람은 초라하고 추하게 보이는 법이다. 떨켜는 하늘이 내린 특사로 파견되어 나무의 생명을 관리하는 물상이다. 떨켜가 예리한 인식과 혜안으로 생명을 부리기에 투박하고 억세 보인다.

*

화무십일홍花無十日紅이란 말이 겹친다. 한 번 붉게 물든 단풍도 얼마 못 가서 반드시 떨어진다는 의미를 지니고 있다. 화려한 단풍의 시간도 얼마 못 가서 자리를 내주어야 된다는 뜻이다. 활개 쳤던 인생 날개도 절체절명 운명 앞에 머잖아 접어야 한다는 진리를 인정하고 받아들이란 뜻이지 싶다.

화려한 인생 시간은 오래가지 않는다. 낙엽을 보면 사람 사는 이치도 나무와 같다는 생각이 든다. 나뭇잎처럼 떠날 날을 미리 알고 준비를 하지 않고, 비우지 않고, 내려놓지 않으면 쓰라린 고통을 받게 된다. 참나무처럼 화려함에서 헤어 나오지 못하면 떨켜를 만들지 못하고 고사를 당할 것이다.

한 직장에서 오래 근무하다 떨켜에 걸려 명퇴당하는 아픔을 겪었다. 정상은 오래가지 않는다는 화무십일홍의 진리가 나에게도 적용되었다. 미리 준비를 못 해 반기들 들어도 어르고 달래 억압한 뒤 명퇴시켰다. 조직사회에서 제외되어야 하는 사실은 피할 수 없는 숙명 같은 것이다. 무더운 여름을 견뎌온 단풍처럼 회사에 젊음을 바쳤지만 경영악화를 이유로 구조조정 떨켜에 걸려 명예퇴직을 당하는 아픔을 겪었다.

회사가 겨울을 나기 위해 떨켜를 작동한 사정이 십분 이해가 되었다. 나무처럼 떨켜를 미리 읽지 못했고, 미리 대처하지 못한 내 탓이 크다. 내려놓는 법에 미숙해서 떨켜를 생성하지 못한 채 얼쩡이로 지낸 것이다. 몇 번의 이직 기회를 놓친 채 태평으로 지냈다. 배가 항구에 입항했을 때 대비하지 못한 탓에 쓸쓸히 정든 직장을 떠나야 하는 아픔을 겪었다.

*

반백 년의 세월이 지나자 내 안의 떨켜가 앞장서 만들어지기 시작했다. 아름다운 제2기 인생을 위해 견실한 떨켜 하나를 만들고 있는 것이다. 아직은 가을 끝자락을 지나고 있지만 늦기 전에 떨켜를 준비를 하고 있다.

힘겨운 중년을 잘 견뎌온 인생에 새 마디를 만드는 작업이 떨켜가 아닌가. 건강한 노후를 위해 나무처럼 떨켜를 만들고 있는 것이다. 고성능 떨켜에 걸러서 버리고 내려놓아 노후를 준비하고 있다. 악순환이 반복되는 머피의 법칙을 과단하게 배제할 것이다. 긍정의 일이 연속되는 샐리의 법칙과 줄리의 법칙을 적용해 2기 인생을 살아갈 참이다. 내 인생의 떨켜는 거칠고 못생겨서 믿음이 간다. 다부지고 강하게 느껴지는 떨켜가 있어 인생이 일체유심조로 든든하고 쉽게 흔들리지 않지 싶다. 시간이 흘러 인생의 겨울이 오면 성찰하는 나목의 정신으로 살아갈 것이다

마디

*

세상의 모든 생명체는 저마다 특색 있는 마디를 지니고 살고 있다. 외부에 드러나거나 퇴화되어 보이지는 않을 뿐, 저마다 마디가 있다. 마디는 시작과 끝을 구분 짓는 선線으로 이분법적 경계를 만들고 있다. 마디가 있어 지나온 과거를 매듭짓고 새로운 마디를 만들 수 있는 것이다. 마디는 광의로 전환점, 빙점, 변곡점과 같거나 유사한 의미가 담겨져 있다. 그래서인지 마디만큼 다양하게 의미를 가진 단어도 드물다.

튼튼한 마디는 주어진 환경에 잘 적응되도록 형성되어 있다. 따뜻한 지역 대나무는 마디 사이가 넓어 비바람에 꺾이기 쉽다. 반면 추운 지역에 자라는 대나무는 마디 간격이 좁고 다부지고 굵기가 작은 것처럼 환경에 맞춰 산다. 춥거나 가물 때 성장을 멈추고 마디를 만든다. 그런 다음 힘을 비축해 새 마디를 만든다. 반면 나무속은 성장이 느려 자연적으로 텅 비우고 자란다. 속을 비워야 제대로 성장한다. 마디는 겉과 속이 비대칭으로 성장한다. 대나무 마디는 성장을 멈춘 후 새 마디를 위해서 힘을 비축하기 시작한다. 긴 대나무가 휘지 않고 곧게 자랄 수 있도록 힘을 조절해주는 역할을 한다. 바람이 불 때는 버티지 않고 가지가 휘어야 나무는 부러지지 않는 법이다. 마디에 성장점이 있어 순차로 마디를 만든다. 대나무 마디를 응용해 만든 것이 드럼통 마디로 강도가 네 배나 높다고 한다. 둥근 테를 두른 마디가 워낙에 강해서 대나무는 쉽게 부러지지 않게 되는 것이다.

*

자람과 멈춤을 계속하는 내 인생에도 튼튼한 힘을 지닌 마디가 존재한다. 괴롭고 힘든 시련을 극복하고 인내를 거쳐야 강한 마디가 만들어진다. 시련 속에는 반전의 씨앗이 들어 있다. 그 씨앗이 자라나 기회를 만든다. 인생 나침판도 끊임없이 흔들리다 방향을 잡아가는 법이다. 사람은 그렇게 마음이 안정되면 마디를 만들어 가는 것이다.

하나의 마디가 만들어지면 새로운 마디를 만들어 미래를 준비하며 살았다. 몇 년 전 퇴직 시련에 봉착했을 때 마디 만들기에 에너지를 응집시켰다. 그 마디로 비바람과 혹한에도 꿋꿋이 이겨내며 살아가고 있다. 마디는 삶의 주춧돌을 세우는 중차대한 일이기에 공을 들였다. 마디를 유심히 보면 신비를 생성시키는 마법이 들어있고, 주술 같은 샤먼이 느껴진다.

삶은 인내로 극복하고 난 뒤 새로운 마디를 만들어 가는 과정이지 싶다. 삶에서 마디를 만들지 못하면 모래밭에 집을 짓는 격이 되어 무너진다. 마디가 없으면 인생의 좌표를 잃어버리고 무너지는 취약점을 지니고 있다. 마디를 꼼꼼하고 굳건하게 하지 않아 실패를 초래한 일이 여러 번 있었다. 실패를 딛고 새로운 마디를 만드는 고초와 노력은 큰 시련이었다.

체절이란 마디를 가지고 있는 지렁이는 몸이 동강나도 살아남을 수 있다. 가장 낮은 먹이사슬에 속하는 지렁이가 살아남은 비결은 마디 때문이다. 고리처럼 생긴 수많은 주름인 마디가 있어 잘려도 각자 도생할 수 있다. 자웅동체며 유연한 마디가 있어 잘린 몸을 재생시킬 수 있도록 되어있다. 대게 마디에는 증식과 왕성하게 생장 활동을 하는 성장판을 달고 있다. 세포분열조직이 계속해서 호르몬은 물론 마디를 만들어 내는 것이다.

*

인생의 반세기를 넘기며 살아온 여정에서 나는 수많은 마디를 만들었다. 힘들고 아릴 때마다 가슴앓이를 한 뒤 마디를 짧고 야무지게 만들었다. 인생의 마디는 크게 태아기, 육아기, 학령기, 사회생활기, 은퇴기다. 변곡점마다 마디 만들기에 분골쇄신했다. 마디는 환골탈태를 지향했다. 마디에는 인생 나침판이 있어 단심가를 부르며 일탈도 집시 삶도 없었다. 빈농의 가혹한 시련이 족쇄를 채웠다. 극복할 때까지 인내로 단련했다. 태아기는 어머니와 함께 고통을 받았다. 육 남매를 기르는 힘겨운 노동과 어머니가 기근으로 영양 섭취를 못해 나는 허약 체질로 세상에 태어났다. 아픔과 상처는 마디를 만들었고, 치유와 회복은 강한 남아로 자라게 했다. 세상 끝까지 이어질 것 같은 가난과 기근에서 육아기의 마디를 지켜냈다. 특히 유소년에 찾아온 유행성 홍역과 역병의 위협을 운 좋게 피했다. 대홍수 때 구사일생으로 살아났고, 맹수 출몰이 잦았던 두메에서도 야생의 마디를 잘 만들어 용감하고 씩씩하게 자랐다.

이끌고 받아들이는 능숙함이 연결될수록 상승욕구는 더 강해져 갔다. 가난을 억압하고 잠자고 있는 마디의 능력을 일깨워 면학에 몰입했다. 마디가 앞장서 죽비소리를 냈다. 아픈 날개로 나는 법을 익히게 했다. 촛불이 바람이 일렁일 때에도 오체투지로 일탈 없이 마디를 만들었다. 국립공고 진학과 대기업 취업이란 마디를 만들었다.

퇴직 후 인생 2기의 티켓을 쥐고 마디를 만들기 위해 고군분투하고 있다. 내 인생은 마디마다 왕성한 생장판과 행운대가 맞아서 무난히 넘어갔다. 마디를 만드는 일에 몰입해 인생 여정을 무사히 지내왔다고 생각한다. 시련이 속일 때도 마디를 만들었고, 그 마디에서 새싹이 텄기 때문이다.

*

인생의 마디 의미를 회고해 보면 넘어질 때마다 다시 일어서게 했다. 강한 마디로 열정이 넘쳐나 나를 치켜세워 주었다. 마디는 넘어져도 다시 일어설 수 있는 능력이 있다는 강한 믿음을 주었다. 넘어야 할 벽을 넘을 때마다 매듭을 짓고 마디를 만들었다. 그 마디는 헛발질할 때마다 뒷걸음치는 나를 강하게 일깨워 채근했다. 아쉽게 끊어지고 멈춰진 것을 연결해 마디를 만들어 새롭게 정착하게 했다. 익숙함에서 멀어지게 하고, 낯선 것을 새롭게 찾아내는 일부터 시작했다. 인생의 질량감이 너무 무겁지 않도록 열과 정성으로 마디를 만들어 냈다. 인생을 통틀어 삶을 매듭 짓고 마디를 만드는 작업은 가장 소중한 작업이었지 싶다. 시련을 극복하고 마디를 튼튼하게 만들어 가는 노력이 참 삶이다.

인생을 완성하는 노년기에 접어들었다. 오후도 저물어 해거름에 치닫는다. 살면서 상실된 상처를 딛고 회복탄력성을 소생시키는 마디를 만들고 있다. 영혼을 갉아먹는 두려움과 속박을 벗어날 마디를 만들어 가고 있는 것이다. 지금도 내가 모르는 사이 세포분열 조직은 새 마디를 만들고 있을 것이다. 어떤 태풍과 고난이 닥치더라도 부러지지 않는 마디를 만들 작정이다. 유연한 마디를 만들어야 즐기는 건강한 노년기를 만들 수 있기 때문이다. 그것이 노년기 인생을 살아가는 슬기요 지혜라 생각한다. 미래를 잇기 위해 참선으로 과거를 끊으면서 강한 새 마디를 만들어 갈 것이다.

명찰名札 단상

*

책장 속에 과거 한때 패용했던 명찰과 회사 유니폼에 새겼던 명찰들이 마치 유물처럼 진열되어 있다. 천과 아크릴에 새겨져 훈장처럼 보인다. 상승욕구의 치열했던 삶의 흔적이 고스란히 명찰에 담겨서 회환을 준다. 대리에서 부장까지 패용했던 명찰이 스토리텔링이 되어 감회로 전해온다. 금방이라도 책장에서 뛰쳐나와 그때의 일화를 자근자근 토로해 줄 기세다. 신화처럼 포장된 이름과 직함을 부르며 얽힌 희로애락을 들려줄 것만 같다. 그 명찰을 일렬로 세워 키워드를 연결하면 내 인생의 역사가 되지 싶다.

밤에 어두워서 보이지 않을 때 상대를 찾으려고 부르는 수단이 이름이다. 동반자가 되었던 명찰은 치열하게 살아온 내 인생의 변곡점의 증표이다. 명찰은 과거의 회한을 기록한 유산이자 실타래를 풀어주는 간판이기도 하다. 명찰마다 내 인생의 마디를 만들었다. 나를 소개하는 간판 역할을 했다. 내 분신이 되어 간판이 되었던 명찰이 선명하게 회고록 소재를 던져 준다. 내 이름'배재록'을 위해 명찰은 마중물처럼 탁월한 조연을 연출했다.

*

명찰이 바뀔 때마다 극적 장면을 희구하며 더 나은 승진을 위해 노력했다. 하나의 직함을 얻기까지 노력하고 애를 태웠던 흔적이 흥건하게 묻어있다. 기억이 생생한 것은 내 삶이 굴곡지고 파란이 많았기 때문인지도 모른다. 마음 괄약근이 구겨져 가는 나를 지키기에 사무쳤기 때문인지 알 수 없다. 잊을 수 없는 명찰은 지워지지 않는 또 다른 이름이 아닌가. 듬성듬성 기억을 되살려내며 멍울진 격정의 기억들을 떠올리게 한다.

회사생활 때 명찰과 직함은 절실한 상승욕구를 갈망했던 대명사였다. 명찰을 앞세워 이름값 한답시고 오랜 시간 회사에 헌신하고 전념했다. 명찰은 회사를 위해 전력을 다하라는 지시물이었다. 몇 번이나 포기하고 평범할 수 있었지만 노전했다. 심신은 지치고 청춘은 30여 년 흘러갔다. 그렇게 남긴 명찰이 연결되어 한 편의 팬터마임으로 스쳐간다. 명찰을 보면 바둥바둥 사느라 나를 돌보는 시간은 도외시했노라 말해준다.

*

살면서 이름만큼 많이 불러진 것도 드물지 싶다. 명찰은 없었지만 어릴 때 이름을 불러준 사람은 어머니였다. 어머니는 내 명찰이 조금도 비뚤어지지 않도록 교복에 달았다. 내 명찰 주변을 촘촘히 꿰맸다. 사춘기에는 일탈을 못하도록 이름표와 단추를 달았다. 실밥이 보이면 나를 세워 이빨로 실밥을 잘라 더 강하게 꿰맸다. 그때 풍겼던 어머니 냄새가 올무처럼 옭아맸다. 명찰은 늘 꼼꼼한 바느질로 반듯했다. 그것은 어머니만의 사랑법이였다. 사춘기는 면 소재지에 하숙 해 자유분방하게 보냈어도 일탈하지 않았다. 명찰은 줄기차게 사람들에게 나를 홍보했다. 내 이름을 사람들에게 많이도 소개를 했고, 불러지도록 이름을 떨쳤다. 명찰은 나를 타인에게 선전하는 광고물이었다. 음성언어가 아닌 문자언어로 내 이름과 직함을 사람들에게 알렸다. 그들은 이름을 마중물삼아 나와 소통을 자주 했다.

사람들이 내 이름 '배재록'을 잘못 발음 할 때는 '배째라'로 들린다. 부르기 어렵다며 '록'대신 '선'으로 개명하려고 검토를 한 적도 있었다. 사람들은 부정적인 것을 잘 기억하는 법, 이름 부르기 어려워 잘 기억했다. 춘터 나는 내 이름은 지인들에게 잘 어필 되는 경향이 많았다.

이름만 불리면 귀가 솔깃해지는 것은 나를 소중히 여기고 있는 반증이다. 이름은 바로 내 아바타이기에 이름이 불러질 때마다 응대를 잘하고 있다. '록아' 친구가 내 이름을 친근하게 끝자만 부를 때 기분이 좋다. '배 작가' '배 부장님' '재록샘'이라 불러주면 새삼 기분이 좋아진다. '재록군', '재록님'이라 불러줘도 좋았다. '배 작가'가 호감이 더 간다.

*

이름을 널리 떨치는 방법은 유명해지거나 악명이 높으면 되지 싶다. 이름들이 매스컴을 도배하면 쉽게 유명 아니면 악명이 되는 세상이다. 남들이 나를 알아주는 손쉬운 방법은 이름을 떨치는 것이 효과적이다. 글쓰기에 능해 학령기부터 입상을 자주해 이름을 남겼다. 전국가족신문 만들기 대상 수상과 사내기자로 지면에 글이 자주 나와 인지도가 높았다. 또 동문회, 문학회, 산악회, 향우회 회장을 역임해 이름이 두루 알려졌다. '배재록 회장'이란 명찰로 뭇 회원들에게 불려지며 인지도를 넓게 했다. 어쩌면 존경받는 이름을 만들기 위해 희생과 봉사를 많이 한지도 모른다.

언제부터인가 호칭이 이름을 대신하기 시작했다. 이름을 부르기가 어색하거나 결례가 되는 때 호칭을 사용했다. 집에서 아내와 자식들에게 아빠로 통용되었다. 친인척들에게도 내 이름 대신 호칭을 사용했다.

성과 호칭이 가장 많이 불러진 때는 회사 다닐 때였다. 입사 초기부터 배 기사를 필두로 대리, 과장, 차장, 부장으로 승진할 때마다 위상을 달리해 뭇 직원들에게 불러졌다. 그 직급이 내 이름을 빛나게 만들어 준 것이다. 기사, 대리, 과장, 차장, 부장대우, 부장을 거치며 이름을 빛내 주었다. 이름을 두루 알린 탓에 행동거지가 조심스럽고 위축되기도 했다.

*

어릴 적 이름은 두 개로 불려졌다. 생존율이 낮았던 시절이라 정식 이름인 관명을 지어 호적에 오르지 않은 아명을 불렀다. 아명은 태어나 집에서 부르는 이름으로 '똘배'라 천하게 불렀다. 역신의 시기를 받지 않아 오래 산다는 천명장수 한다는 미신적 믿음에서 지었다. 사망률이 높았던 홍역을 치를 나이가 지나서야 비로소 관명인 호적에 이름을 올렸다.

이름은 그 사람 사주에서 부족한 오행의 균형을 맞추어 준다고 한다. 철학관을 찾는 이유도 순전히 사주명리학의 음양오행을 맞추기 위해서다. 이름의 비밀은 조물주 영역이지만 사주명리학으로 운명을 알아낼 수 있다.

배재록, 부자가 되라는 뜻이다. 선친이 음양오행설로 지어주신 이름이다. 성과 항렬자는 이미 정해져 있었고, 나머지 한 자를 정하는데 애쓰셨다. 가문의 항렬과 돌림자에 맞춰 이름을 지으면서 녹록祿자로 정했다 했다. 대를 이어온 빈농을 벗어나려는 아버지 꿈을 담아 부자가 되라고 지었다. 부친은 내게'입신양명 현저부모'를 지키길 희구하며 작명한 지 모른다. 그래서 승진할 때마다 작명을 해주신 부친은 기뻐하셨다 했다. 일제 때 초등학교를 나온 부친의 상승욕구를 아들인 내가 대신해 주길 바랐는지도 모른다. 나의 승진이 아버지의 기쁨이 되었으니 다행이었다. 이름을 역사에 남기는 것을 생애 최고로 삼고 매진하라며 작명한 지 모른다. 이름값만큼 이 세상을 살다 가라는 부친의 의도를 거역하지는 않았다. 입신양명을 위해 끊임없이 노력하여 상승욕구를 추구하며 살아왔다. 승진이 절실할 때 이름이 불려져 벅찼지만 누락되었을 때는 절망했다. 직책이 올라갈수록 이름의 영향력은 비례했지만 감내할 책임도 늘었다.

*

휴대폰에 입력된 이름, 간판을 하나씩 출석 부르듯 가만히 불러 본다. 이름이 기발하고, 짠하다. 겉옷처럼 세련되고, 지적이고, 멋져 보인다. 가만히 손주들 이름을 불러 보면 바글거리는 소리로 응답을 해 올 듯하다.

내 이름을 대신할 아호雅號를 찾고 있다. 본 이름은 그대로 두고 내게 걸맞게 우아한 필명 정도면 흡족하다. 작가로서의 위상과 인품과 자질이 함축된 필명이면 족하고, 내 자신을 아우르고 대표하면 그것으로 만족이다.

나이 들어가서는 존경을 받는 어른으로 불러지도록 만들어가고 싶어진다. 내 이름이 똑똑히 불러졌을 때 코끝이 간질거리는 일이 많았으면 좋겠다. 욕심을 내자면 내 인생을 아름답게 마친 후에 명인 칭호를 받고 싶다. 가문의 이름으로 살다 후세에 이름을 남긴다면 퍽 성공한 삶이 아닌가. '배재록'나를 사랑하는 이름이고, 하나뿐인 멋진 이름이 좋다.

연가시

*

내가 징그러운 연가시를 처음 본 것은 유년 때 고향에 있는 길가에서였다. 발에 밟힌 사마귀 뱃속에서 긴 연가시가 징그럽게 꿈틀거리며 기어 나왔다. 아이들은 연가시가 무서워 숙주인 사마귀까지 처참하게 발로 밟아 죽였다. 연가시가 사람 눈에 몰래 침투하면 죽는다는 소문이 난무했기 때문이다. 남을 등쳐먹는 나쁜 곤충은 순둥이 아이들에게 가장 혐오 대상이었다. 연가시를 비롯해 목숨을 잃기 쉬운 위험한 환경 속에서 살았기 때문에 사람에게 위협을 주는 동물들은 처참하게 죽임을 당했다. 맹수, 맹독성 동물에게 자신이 당하지 않기 위해서는 본능적으로 제거를 해야 했다. 특히 1급수에서 서식하는 연가시도 아이들에게 발견되면 처참하게 죽임을 당했다. 생각하면 소름이 돋아 섬뜩해지는 연가시의 죽음이 응보應報라 여겨졌다.

*

연가시는 몰래 숙주 몸속에 침투하여 성장한 다음 다시 물로 돌아가는 간사한 동물이다. 태생부터 1급수에만 자라는 수생곤충으로 종속번식과 생존을 위해 숙주를 등쳐먹지 않고는 자생으로 살 수 없는 운명을 지니고 있다. 신종바이러스처럼 자신이 번식할 숙주를 찾아 살아가는 위험한 곤충이다.

숙주는 기생생물이 기생으로 삼는 동식물을 말한다. 연가시가 숙주로 삼고 있는 곤충은 메뚜기, 사마귀, 꼽등이, 여치가 있다. 숙주로 삼는 동물은 주로 개구리, 뱀의 몸속에 침투해 기생한다. 이때 숙주의 몸 안에서 번식하면서 기생을 한다. 약육강식으로 연결되어 연가시가 번식하기 좋은 환경이다.

대개 물가 풀밭에 연가시 알이나 유충이 산다. 유충을 먹은 메뚜기나 귀뚜라미를 1차로 감염시킨다. 이를 여치나 사마귀 등이 포식을 하면 2차 감염이 된다. 숙주의 몸에서 성충이 되고, 기생충, 수생곤충으로 탈바꿈한다.

성충이 된 연가시가 번식하려면 물에 다시 돌아가야 한다. 수생곤충은 물에서만 생존하고 공기에 노출되면 금방 죽기 때문에 숙주를 이용해야 한다. 연가시가 몸과 혈관에서 숙주의 뇌를 마비시키는 환각물질을 만들어 여치나 사마귀의 신경을 자극해 물가로 유인한다. 숙주가 물에 빠지면 항문이나 기공을 뚫고 물속으로 도망친다. 짝짓기를 하고 알을 낳아 번식 준비를 한다.

숙주는 연가시가 몸을 뚫고 나오며 상처를 입어 죽고 마는 경우가 많다. 다행히 국내에서 사람이 연가시의 숙주가 된 사례는 아직은 없다고 한다. 유럽에 사례가 있었으나 국내에서 자생하는 연가시와 다른 종류라 한다. 벌레와 양서류를 제외한 동물은 연가시를 먹게 되면 소화가 되어버려 감염이 되지 않는다고 했다. 거미나 지네는 독액을 분비해서 사냥하는 동물로 연가시가 독에 중독되어 죽기 때문에 감염되지 않지만 사람은 감염된다.

*

내 유소년에 공포 대상이었던 연가시를 다시 본 것은 영화'연가시'였다. 유년의 공포를 재구성해서 현실화 시킨 영화라는 생각을 지울 수 없었다. 국내 최초의 감염재난 영화다. 이 재난영화는 변종 기생충 연가시로 인해 벌어지는 감염재난을 보여줘 환경오염에 대한 경각심을 재삼 일깨워 준다.

연가시가 사람 몸에 기생하다 산란기에 숙주의 뇌를 조종해 물에 뛰어들어 자살하게 만들고, 치사율 100%라는 공포의 위력이 이 영화의 큰 맥락이다. 짧은 잠복기간과 치사율 100%, 4대강을 타고 급속히 번지는 연가시 재난은 대한민국을 초토화시킨다. 정부는 감염자를 격리 수용하지만, 이성을 잃은 감염자들은 통제를 뚫고 밖으로 뛰쳐나가려고 발악한다. 일에 치여 가족들을 챙기지 못했던 제약회사 영업사원 재혁은 자신도 모르는 사이에 연가시에 감염 되어버린 가족을 살리기 위해 치료제를 찾아 고군분투한다. 그는 재난사태와 관련된 심상치 않은 단서를 발견하고 사건 해결에 나서게 된다. 몸속에 탐욕을 부추기는 기생충이 살아 절망에 이르는 사실도 모른 채 도덕도 양심도 정의도 팽개친 채 부귀영화를 갈구하며 달려가는 사람들. 갑자기 연가시에 감염된 사람들로 인해 아비규환이 된 그 세상을 고발한다. 영화는 환경오염의 폐해를 경고하고 있다. 그로 인해 실제로 발생한 신종 코로나바이러스 감염증처럼 리얼하면서도 끔찍한 재난의 경각심을 울려준 영화다. 연가시의 목표는 파괴를 통한 변혁 추구와 새로운 세계창출이지 싶다.

*

선량한 사람을 위협하거나 속여 재물 따위를 빼앗아 등쳐먹고 사는 불결한 인간 연가시도 있다. 사람을 숙주로 잇속을 챙기는 독버섯이다. '등치고 간 내 먹는다'는 속담이 있다. 다른 사람에게 해를 끼쳐놓고 잇속을 채우는 행위를 이름이다. 겉으로는 위해주는 척하면서 실제로는 물건을 빼앗거나 해를 끼치는 사기꾼이다. 선량한 사람이 숙주의 대상이 된다. 또 '등치고 배 문지르다'는 속담도 있다. 구박하면서 남이 보는 앞에서는 돌봐주는 척하는 행위를 이르는 말이다. 연가시가 하는 짓과 다를 바 없다.

오래전, 아내는 등쳐먹고 사는 전문 사기꾼이 쳐놓은 연가시 숙주에 걸려 연말 상여금을 몽땅 털린 적이 있었다. 스님을 가장한 연가시는 시주를 않으면 큰아이가 위험하니 도술로 해결해 주겠다고 꼬드겼다. 연가시처럼 협박을 하며 돈을 요구했다.

사기꾼은 환각물질 같은 감언이설로 아내를 숙주로 만들었다. 숙주에 걸려 아무에게도 알리지 못하고 혼자 끙끙 앓았다.

남편이 노동으로 번 피 같은 돈을 사기꾼에게 부적 하나에 넘겨준 것이다. 경찰서에 신고했지만 피해자가 여럿이라 범인을 잡기 어려우니 기다려 달라고만 했다. 그 사기꾼은 환각물질로 숙주를 물가로 유인해 등쳐먹기를 계속했을 것이다. 아내의 가슴에는 멍이 들었다. 가족이 다친 데 없었고 액땜을 했다 생각하라 위로했지만 아내의 충격은 오래 지속이 되었다. 아내의 마음고생은 이만저만이 아니었다. 세 치 혀로 아내를 숙주로 만든 사기꾼에게 증오의 침을 내뱉었다.

사건에 대한 내 일관된 묵언은 아내의 울분을 삭이는 마중물이 되었다. 쓰라린 아픔이 끝나면 방어기제가 생겨나고 새로운 마디를 만들었다. 사건 이후 연가시는 다시 나타나지 않았다. 생태계 파괴로 자취를 감춰버렸는지도 모른다. 꼬꾸라져 영영 일어서지 못한지도 모른다. 그러나 언젠가는 또다시 새로운 변형 연가시가 나타날 것이다.

*

세상은 환경오염으로 코로나바이러스처럼 변종 연가시가 생겨날 것이다. 어쩌면 인류 스스로 만들어 낸 인과응보因果應報 질병이란 생각이 든다. 아주 작은 미생물 바이러스. 263종의 바이러스가 사람을 위협하고 있다. 바이러스는 생존을 위해 항시 인간을 이용하려 든다. 연가시 역시 생존과 종속번식을 위해 늘 숙주를 물색해 등쳐먹기를 하고 있는 것이다.

더 경계를 해야 할 것은 선량한 사람들을 등쳐먹는 인간 연가시다. 연가시로 돌변한 사람들도 언제 자신을 숙주로 삼을지 늘 경계해야 한다. 위기 상황에서 안정을 회복하는 적응은 두려움을 종식시키는 일이 아닌가.

세상에는 연가시가 숙주 대상으로 삼을 힘없고 순진한 민초들이 늘려있다. 자신의 방어를 위해 코로나 같은 신종바이러스와 연가시를 퇴치해야 한다. 코로나바이러스 감염증처럼 소문도 없이 침투하는 연가시. 슬기롭게 대처했던 것처럼 여간 조심하지 않으면 눈에 보이지 않는 연가시로 돌변해 감염될지도 모른다. 코로나처럼 숙주를 노리는 연가시가 득실거리는 세상에 살고 있다.

생애 최고의 삶을 살아가기 위해서는 등을 처먹는 인간과 연가시를 멀리하려는 노력을 지속해야 한다. 연가시 같은 코로나바이러스를 경계하며 퇴치해야 하는 이유는 숙주로 삼아 목숨을 앗아가기 때문이다.

터진 사마귀 뱃속에서 징그럽게 꿈틀거리던 연가시를 생각하면 흉측하다.

4부

향수에 젖다

꽃밭에서

*

우리 집 앞 공터 언덕은 살아있는 오아시스가 있는 공원은 아니지만 자연이 있는 포켓공원이다. 줄잡아 길이 15m쯤 되는 공터 꽃밭의 가느다란 나뭇가지에 매달린 노란 꽃송이가 애간장을 녹인다. 듬성듬성 핀 노란색 개나리가 문어 다리처럼 뻗은 나뭇가지에 열병 번지듯 꽃봉오리가 벙글고 있어 장관이다. 차갑고 긴 겨울을 견뎌내고 온몸으로 길러 올린 노란 개나리가 숭고하다. 세상에 태어난 환호인가. 실바람에 가지를 출렁이며 흥겹게 춤을 춘다.

개나리꽃을 언덕 위 포켓공원에 피움으로써 봄은 본격적인 시작을 알렸다. 도시 한복판에서 운 좋게 봄꽃 향연을 즐기며 호사를 누린다. 힘겨운 고행으로 구도해 꽃을 피웠으니 봄의 저력이 실감난다. 그래서일까 춘분의 꽃샘추위에 꽃과 풀은 쩔쩔맨다. 마치 물가를 기어가는 아이처럼 불안해 보인다.

겨울잠에서 막 깨어난 마른 나뭇가지에도 수액이 올라가 금방이라도 잎을 틔울 듯 역동적이다. 그 중에 거칠고 억센 잡초는 대찬 놈이다. 무소불위권력을 휘두를 듯 꿈틀 거린다. 생명의 탄생 앞에서면 왠지 숭엄해지고 두려운 샤먼의 블랙홀에 빠져 든다. 내면에 집중해 정열을 쏟아 생명을 잉태하는 작업이 숭고해 보이는 것은 순수, 순결, 사랑이 가득하기 때문이다.

*

화단은 제사를 지내는 터를 가리키는 말이었다. 높게 흙을 쌓아올려 신을 섬기는 자리로 삼던 곳에서 유래되었다 한다. 하오라 부르는 꽃밭은 순우리말이다. 우리 집 마당보다 높은 공터가 마치 제단과 흡사한 외양을 갖추고 있다. 속단할 수 없지만 제를 재냈던 화단인지 모른다.

꽃과 접촉하면 스트레스나 정신적 피로감을 완화시키는 마법이 일어난다. 은근슬쩍 기분을 달래고 어루만져 주는 꽃밭을 내가 가까이 하는 이유다. 아름다움이 유혹하는 공터 화단에 농박새라도 울어준다면 금상첨화지 싶다. 때마침 까치 울음소리가 고운 봄의 상춘賞春 기분을 한껏 북돋아 준다. 나비까지 나부끼면 더한 환희를 느낄 건데 꽃만으로도 눈이 푸지다. 내게 날개가 있다면 나비처럼 날아 벙그는 봄꽃을 영접하고 싶다.

꽃밭이 느슨한 품을 열기 시작한다. 꽃이 실바람에 일렁이며 득음을 낸다. 득음의 파동과 에너지가 고막을 울리고, 맑은 심금의 현과 공명을 울린다. 그래서인지 마음속에 남은 부정화학물질이 득음에 중화되어 사르르 녹는다. 꽃이 일러 준대로 글로 옮겨 본다. 수려한 문장이 저절로 나와 글이 된다. 자연을 베껴 내 정서의 망을 걸러 나온 문장이 촌철살인 글이 아니겠는가. 자연의 질박한 아름다움을 포착해 글로 옮겼으니 맛이 순수하고 맑지 싶다. 자연을 벗하며 창작해 소박하고 내면적인 글을 쓸 수 있어 다행이다.

자연스러운 나뭇가지 율동을 따라 새 개념의 춤사위를 만들어내고 싶다. 춤은 원래 나뭇가지 동작에서 베낀 예술이 아닌가. 무희도 흔들리는 나뭇가지를 유심히 관찰하고 심취해 창작해낸 예술이다. 산들바람에 일렁이는 나뭇가지가 율동하며 만들어 낸 신비와 격조를 융합해 흥을 유발시킨 것이다. 산들바람이 불자 가지가 휘어져 부끄러운 고백을 하듯 속삭이고 간다. 꽃망울은 일렁이고 그 틈새로 내 어린 시절 꽃밭이 점령군처럼 들이닥친다.

*

유소년, 우리 집 마당에는 소박한 꽃밭이 있었다. 동화 같은 서정의 흔적들이 서려 있는 꽃밭이었다. 학교에 있는 꽃밭에서 분양해 주는 꽃을 받아와 심었다. 꽃밭에는 주로 다알리아, 과꽃, 봉숭아, 목단, 분꽃 등을 심고 가꾸었다. 꽃을 갖고 싶은 마음에 집안으로 끌어들여 가꾸었다. 돌담 울타리를 만들어 바람을 막았다. 토사가 내리지 않도록 화단 주위에 빈 소주병을 거꾸로 꽂았다. 물고임 방지를 위해 골을 지었다. 골의 경계마다 꽃을 심었다.

아버지는 종속끼리 외롭지 않게 군락을 이루게 심었다. 어쩌면 육남매 형제끼리 의좋게 살 것을 바라는 메시지였는지도 모른다. 화단 구석에 장뇌삼과 더덕을 심어 자식들에게 보약으로 먹인 아버지의 정성이 깃든 꽃밭이다. 최근 뿌리가 애기 팔뚝만한 30년산 더덕 주를 마시며 내 유년의 꽃밭을 마셨다.

봄이 오면 두메산골 고향은 산과 들의 대부분이 천연색 꽃밭으로 변했다. 따사로운 햇살이 몸을 낮추어 꽃밭을 비추면 꽃들이 행복해 마냥 웃었다. 사륵사륵 봄꽃향이 나풀나풀 거리면 15가구 마을은 축제였다. 뽀송뽀송한 봄꽃을 끌어안고 벌들이 제 세상을 만났다. 흘러가던 구름도 산 위에 걸려 꽃구경을 하며 지나갔고, 꽃망울은 동심의 정서를 풍성하게 가꾸게 했다. 참꽃이 피면 꽃잎을 따서 먹었다. 입술이 물 들도록 먹으면 흙내가 났다. 가장 아름다울 때 흙이 될 준비를 하는 꽃의 예지를 직접 체험하며 자랐다.

산으로 에워싸인 외로운 산촌에 살면서 꽃밭 가꾸는 일은 정서를 키우는 큰 마중물이었다. 문명의 혜택이 결핍된 한 산골 아이의 놀이터이기도 했다. 꽃을 관찰하고 체험하기 위해서 잡초를 뽑아주며 고립을 탈출했다. 생명을 내 손으로 직접 키우며 느끼는 것만큼 값진 산교육은 없지 싶다. 꽃들이 일제히 피어나면 꽃밭은 색이 그리운 산골에 큰 환희를 선물했다. 그 풍경 그대로 마음에 옮겨 가득 채워 놓으면 가장 행복한 왕자로 살았다. 꽃밭을 가꾸는 재미에 푹 빠져 버렸고 꽃은 내 발걸음 소리를 듣고 자랐다. 꽃밭에서 봉선화를 손톱에 물들이던 누나의 추억과 겹친다. 과꽃 노래를 즐겨 부르던 순진한 산골아이의 잠긴 목소리가 귓등에 들린다. 꽃밭은 독수리가 나타나면 닭들의 피난처이기도 했다. 닭들이 벌레들을 잡아먹게 꽃밭에 놀게 했다. 집지킴이 구렁이도 돌담을 넘으며 꽃을 즐겼다. 거대한 구렁이가 겁났지만 해코지를 하지 않으면 해치지 않았다.

꽃이 데리고 온 유년의 봄은 언제나 화려한 날이었다. 온 세상이 꽃밭이었던 두메산골 고향마을 봄의 교향악이 향수로 밀려온다.

*

내 마음속에 꽃밭을 만들었다. 꽃밭은 가꾸지 않으면 부정적인 잡초가 마구 자라나 폐허가 될지도 모르기 때문이다. 정서를 살찌우게 해주는 색색의 꽃을 심었다. 유년에 꽃밭을 가꾸었던 그 집념과 열성으로 자연친화 꽃밭을 가꾸고 있다. 사랑과 친절, 선과 지혜의 씨앗을 뿌려서 향기롭고 풍성하게 가꿀 참이다. 상처받기 쉽고 결핍되기 쉬운 마음을 달래 주는 꽃밭을 만들어 볼 참 이다. 정신적 궁핍과 단절, 소외, 우울, 스트레스를 치료해 줄 아담한 꽃밭. 내가 힘들고 지칠 때 마음의 평화를 찾을 수 있는 마중물이 되어 줄 꽃밭이다. 내면의 정서를 키워 창작활동에 기여해 주지 싶다.

마음속 꽃밭은 아름다운 자아를 만들어 올곧은 마음을 가꾸어 줄 것이다. 보지도 만져볼 수 없지만 꽃밭을 통해 마음을 들여다보며 치유할 참이다. 따스한 햇살과 신선한 물과 흙을 공급해서 아름다운 꽃밭을 가꿀 것이다. 자연의 일부였던 내 본성의 욕구 때문에 마음속에 꽃밭을 가꾸지 싶다.

언덕 위의 꽃밭에 핀 개나리를 본다. 노란 꽃망울 단 나뭇가지가 산들바람에 허리 숙이며 사랑을 고백한다. 황홀한 봄꿈 같은 꽃 앞에서면 이유 없이 가슴이 뜨거워져 온몸에 열꽃을 피운다. 젊음 날의 초상 같은 꽃인 개나리에게 아름답다고 말을 걸자 파르르 떠는 꽃망울의 몸짓이 황홀하다. 꽃은 색이 아니라 향기를 풀어서 말한다는 사실을 새삼 깨우치게 해준다.

내 고향 두메산골

*

아직도 산양이 사는 남한 최고의 오지, 하늘아래 첫 동네에 고향이 있다. 원시의 자연이 자라고 있는 산은 높은 봉우리가 병풍처럼 에워싸고 있다. 산봉우리끼리 빨랫줄을 쳐도 될 만큼 산촌인 두메산골 내 고향. 창살 없는 높은 산, 높이와 넓이가 작게 보이는 하늘을 머리에 이고 있다. 둥그렇게 내민 하늘에 날마다 해와 달과 별이 놀러오는 고향에서 유년을 보냈다.

두메산골아이는 구름이 하늘에다 그려주는 상상의 동화 속에서 성장했다. 그 상상 속의 동화는 해를 보고, 달을 보며, 별을 보고 옮긴 이야기책이다. 아는 것을 본 것은 아니었다. 모르지만 상상을 하며 이미지를 만들어 냈다. 하늘로 승천하는 전설속의 용이 그려지고, 날아가는 사자가 담겨져 있다. 꽃구름 위에 앉아서 거문고를 타며 비천무를 추는 천사가 담겨있기도 했다. 순둥이는 옷고름 풀어 천의를 너울거리며 춤을 추는 천사를 흠모했다. 내 유소년은 그렇게 천혜의 대자연에 순응하며 보냈다. 야생에 살아남을 호연지기를 키우면서 성장한 것이다. 문명과 동떨어진 자연 속에서 자연인으로 자란 것이다. 자연은 약육강식의 위험이 도사리고 있어 야생으로 살았다. 특히 자연재해와 맹독, 맹수는 살생을 하기에 경계의 대상이었다.

가난을 벗어나기 위해 중학교를 끝으로 그 무릉도원 같은 고향을 등졌다. 그래서 나에게 고향은 더한층 묵직한 노스탤지어로 다가오는지도 모른다.

*

여름날, 천혜자연 고향에 초대받아 대자연이 남긴 호방한 길을 걷는다. 햇살 눈부시도록 푸르고 맑은 대자연 속을 걸으며 고향의 향기를 핥는다. 환상의 시간이었던 유년을 그리며 창공에 머물러 있는 추억을 읽은 것이다. 온 누리에 각인되어 있는 기억은 유년의 이미지를 내레이션처럼 소환한다.

자연이 들려수는 늑음을 듣기 위해 산새울음소리를 따라 새벽길을 걷는다. 여명이 빗장을 열자 세상은 제 모습을 보이기 위해 술렁거린다. 높은 산이 병풍처럼 둘러진 산골에는 너울대는 나무들이 기지개를 펴기 시작한다. 청자 빛 하늘이 서서히 새털구름으로 변신한다. 먹구름이 삭아내려 비가 되는 변신의 과정을 일필휘지 명문장으로 옮겨 적는다. 시시각각으로 변하는 풍경이 신비해 자유분방하게 글로 옮긴 것이다. 자연을 베끼다 시피 한 문장은 하나 같이 묵직하다. 두메산골의 수려한 원시자연은 과히 걸작이고 감흥 너머 은유를 종용한다. 서둘러 달려온 감흥을 사유로 풀어 자유자제로 옮겨 적는다. 금강송이 전하는 묵직한 득음을 듣고 글감을 보충한다.

자연이 들려주는 형상화는 이상학적이고 이해하기가 난해하다. 숲속에서 우는 풀벌레 소리는 구천을 떠도는 잡귀가 내는 소리처럼 시끄럽다. 물까마귀가 우는소리는 단순하지만 무량한 깊이를 가지게 한다. 해당화 꽃 문장은 트로트 유행가처럼 구수해 선무당을 불러온다. 찔레꽃 배색은 흰색에 서정적이어서 숭엄했다. 원시자연은 유명 화가나 플라워 플래너도 흉내 내지 못하는 독창적이다. 연한 현호색이 아름답고, 깽깽이 풀은 뛰쳐나와 여우울음소리를 낼 것 같다. 야생화가 피는 나무들이 오묘하고 신비하다.

안태고향 왕피천에 서면 찌든 심신을 저절로 치유시켜주는 마력이 인다. 하늘이 내린 치유기술로 치료를 받기 때문이지 싶다. 자연에 동화되고 몰입하면 어느새 육신은 원래 상태로 회복이 된다. 도연명의 도원기에 나오는 무릉도원이 있는 곳이기에 쉽게 치유가 되지 싶다. 선해지고 샘물처럼 맑아 찌든 마음을 치유해 준다. 기화요초와 하늘을 바라보면 속진으로 찌든 생채기를 정화시켜준다. 비우면 그렇게 편한 것을 여태 짐을 지고 있었나 보다.

*

눈길 주는 곳마다 대자연의 품으로 감싸주는 왕피천 수변을 따라 걷는다. 푸르른 물길은 제 갈 길을 쫓아 우렁우렁 흐르고, 산 그림자 길게 드리운다. 수달이 유영하는 시퍼런 소를 바라보면 무섬증이 저절로 생긴다. 신의 솜씨로 빚은 자연에 심취해 순수 자연인이었던 어린 시절로 돌아간다.

입술이 파래지도록 숨비소리 내며 고기 잡던 그때의 물속으로 들어간다. 어렵게 구입한 물총으로 고기를 잡으려 잠수하지만 숨차 물위로 올라온다. 자연은 공짜가 없고 얻기 위해 몸 품을 팔아야 하나 보다. 버들개, 돌고기, 자가사리, 동사리, 피라미, 모래무지 등 그때 고기들이 반갑게 환영한다. 지느러미를 흔들며 유영하는 물고기와 물놀이를 하며 유년추억을 핥는다. 다시 물총을 휴대하고 물속을 뒤지다 숨이 차서 올라와 숨비소리를 낸다. 물속에 놓인 바윗돌이 태왁이 되어 숨이 차 허덕이는 나를 지탱해 준다. 용의 알 같은 바위들이 눈부신 아침햇살을 받아 광배처럼 빛이 난다. 바위 속에 은둔해 있을 꺽지를 잡았는데 유년의 추억을 삽은 기분이나.

*

늦은 오후, 맑은 왕피천 모래밭에 폭신한 돗자리를 깔아 놓고 단숨에 물에 뛰어 든다. 뜨거운 대낮의 열기로 냇물이 따뜻하다. 예고도 없이 침범한 무법자를 송사리가 짜릿짜릿하게 몸을 간지럽히고, 꺽지가 맞장을 놓을 태세다.

몸을 비틀며 개구리헤엄으로 자맥질을 시작한다. 물이 깊은 소에 입수를 했지만 야생수달이 겁나 줄행랑이라도 치듯 동작 빠르게 빠져 나온다. 물고기가 수면 위로 솟았다가 물속으로 사라지는 소리가 바람에 묻힌다. 물속에는 올망졸망 산봉우리를 내밀어 키 재기를 하고 있는 산 그림자가 물에 잠겨 극도의 감흥을 일으킨다. 산꼭대기 가파른 바위에 산양이 보인다. 그렇게 놀며 즐기는 사이 해는 지고 사방이 어둠의 세상으로 변한다. 통발을 물속에 넣어 두고 야행성인 다슬기 찾기에 나선다. 낮에는 바위 밑에 살다가, 밤이면 물가로 기어 나오는 다슬기를 대량으로 채취한다. 밤에 물가로 나오는 고기를 잡으려고 손전등과 반두로 숨바꼭질을 한다. 손전등 불빛을 보고 몰려오는 물고기를 반두로 떠서 잡는 재미는 일품이다. 미리 쳐둔 통발 속에 제법 큰 물고기들이 발버둥을 치며 풀쩍 뛰어오른다. 여러 종류의 물고기를 한 곳에 넣어 끓인 매운탕이 극도의 별미를 느끼게 한다. 1급수인 왕피천에는 고기가 많아 금방 한 바가지 잡았다. 물살이 빨라 뼈가 세고 고기 맛이 담백하다. 뱀장어나 메기를 잡기 위해 지렛대로 바위를 움직여 반두로 포획한다. 바위만 보고도 고기가 많은지 알아챈다.

*

별은 변함없이 반짝거리고 달빛에 비친 산들도 여전해 유년이 살고 있다. 추억이 투영될 때마다 묵직하게 밀려오는 향수에 젖는다. 기억마다 영혼을 불러내 묵직한 문장을 쓰는 고향. 내 마음에는 그윽한 왕피천의 묵향이 흠뻑 녹아 있다. 한강 이남에서 최고 두메산골 내 고향. 향수는 리얼하게 표현하기 어렵다. 풍부한 상상과 형이상학적인 감흥이 개입되어 실감나는 그 때를 표현하기에는 역부족이다. 우직하게 서있는 산과 파란 하늘만 바라보며 편안하게 글을 쓴다. 온통 유소년 시절의 동화로 가득한 고향에서 원시한 수필을 창작해 본다. 내 몸 안에서 왕피천 푸른 물이 우렁우렁 흐른다. 그 물로 내 눈을 씻고, 마음을 씻김질 해 본다.

※ 왕피천 : 경북 영양에서 발원하여 울진군 금강송면을 흐르는 61km 천

담배꽁초

*

누군가 우리 집 주변에 마구 버린 담배꽁초를 하루에 한 번씩 줍는다. 버리는 사람들의 비뚤어진 양심과 버릇과 맞서기 위해 흔적을 지우고 있다. 담배꽁초를 치우고 있는데도 슬쩍 버리는 양심불량자도 더러 발견한다. 양심이 비뚤어진 사람과 대적하면 나만 손해여서 은근슬쩍 포기한다.

동네사람들에게 좋은 이미지를 주기위해 쓰레기 주범 담배꽁초를 줍는다. 긴 집게를 들고 집 주변을 돌며 담뱃불에 타서 까맣게 변한 꽁초를 줍는다. 무엇보다도 시한폭탄처럼 사고를 낼지도 모른다는 위험 제거를 위해 치운다. 매일 줍고 치워도 버려지는 담배꽁초는 비슷하다. 담배꽁초를 한군데 모아 놓으면 시한폭탄처럼 으스대고, 살아있는 버들강아지처럼 꿈적거린다.

애연가는 억센 고집이 있다. 흡연자들의 자유를 제지할 생각은 없다. 날이 새면 그들이 버린 담배꽁초를 쓰레기통에 담아 버리는 수밖에 도리가 없다. 추운 날은 애연가들이 건물 계단의 창문을 열어 놓고 얌체 담배를 피운다. 용감하게 화장실에 들어가서 피우는 독한 애연가들도 간간이 볼 때도 있다. 어둠을 태워내는 붉은 담뱃불 빛이 얼마나 강했으면 수km 이상 비춰질까. 담배 냄새가 얼마나 독하면 수km 이상까지 냄새를 풍길까. 그래서 전장에서는 담뱃불 하나를 저격하면 3명의 적을 제거할 수 있다고 하지 않는가.

*

담배는 인디언의 종교의식과 질병치료에 사용하면서 흡연으로 발전했다. 아메리카대륙을 발견한 콜럼부스는 담배를 선물받고 이태리로 돌아갔다. 담배가 만병통치약으로 소개되자 유럽에 대유행했다. 그 DNA는 곧바로 흡연인구를 증가 시켰고, 궐련을 마는 기술이 발달하면서 대량생산하게 되었다. 가격이 저렴하고 쉽게 구할 수 있어 여성과 청소년들까지 확산이 되었다. 건강을 생각해 애연가의 금연을 강요한다. 담배로 화재발생도 증가 추세다. 흡연율은 줄지 않고 전 세계 11억 인구가 담배를 피운다. 사랑받지 못해 자살한 전설의 인디언소녀 저주가 흡연율을 높였는지 모른다.

구석진 이곳에서 앳된 여자애가 담배를 물고 뻐끔대는 장면을 가끔 본다. 담배를 폼 나게 입에 물고 연기를 뱃속까지 빨아

들였다 급하게 내뿜는다. 그녀는 뱃속에 가득 찬 울분을 태우기 위해 그 독한 연기를 마시지 싶다. 수백도가 넘는 불에 아픔을 태우기 위해서 금연을 못했지 싶다. 겁 없이 피우는 하얀 담배 연기가 외등 불빛을 받아 하늘로 치솟아 오른다. 스스로 즐기는 듯 거리낌 없이 흡연 향락을 즐긴다. '금연'이란 붉은 경고문도 무시하고 흡연의 자유를 마음껏 누리고 있다. 사랑은 불타도 연기나지 않는데, 담배에서 연기가 나는 이유가 궁금해진다. 흡연의 향락시간이 끝나면 담배꽁초를 슬쩍 내버리고 여유 있게 사라진다. 그들은 꽁초를 버린 미안함도 공중도덕도 내팽개친 채 그냥 자리를 뜬다. 매캐한 담뱃진 냄새가 나고, 고약한 양심냄새가 담배꽁초에 묻어있지 싶다. 아마 장아찌에 간이 배듯이 몸속에 니코틴이 까맣게 배였지 싶다.

*

사람들은 담배를 피운 후 담배꽁초를 쓰레기통에 넣지 않는 편이다. 대개 손가락으로 튕겨 버리거나, 땅바닥에 떨어뜨리고는 밟아 뭉개고 만다. 어떤 사람은 입술로 튕겨 버리기도 한다. 담뱃불을 붙여 빨고 담배를 감추기도 한다. 금연지역이 늘고 규제가 강해지면 애연가들 편법도 다양해진다. 그들은 건강의 중요성을 알면서도 돌보지 않는다. 금연을 위해 타협하고 싸우고 회유하지도 않는 독한 고집이 있다. 담배를 피울 권리를 인정해 달라고 외친다. 담배를 피워야 스트레스가 풀린다고 항변한다. 일의 실마리가 풀리지 않을 때 담배를 피우면 저절로 풀린다고 외친다. 밥맛도 좋고, 소화도 잘되며, 생리적 및 심리적 안정을 준다고 강조한다. 담배가 백해무익 하다는 것을 알아도 피운다. 건강과 가정까지 파괴할 수 있는 시한폭탄과 같다고 알면서도 중독자가 되어 간다. 죽을 만큼의 충격과 아픔 없이는 니코틴에 이미 중독된 금연은 쉽지 않다.

*

내 유년에 고향에는 잎담배를 직접재배 해 자급자족을 했다. 잎이 넓은 담배가 밭에서 자라며 바람에 일렁일 때는 풍경이 가관이었다. 나이든 동네 형들의 강요로 태어나서 처음 궐련담배를 피웠다. 지독하게 독한 담배연기로 머리가 띵하고 어지러워 학령기까지 담배를 피우지 않았다. 고향에는 잎담배를 자급자족했기 때문에 남녀노소 관계없이 담배를 피웠다.

담배는 임진왜란 때 일본에서 들어와 재배하기 시작해 널리 퍼졌다 한다. 담배를 햇볕에 잘 말린 뒤 손작두로 잘라 깡통에 담아 두고 말아서 피웠다. 대부분 종이에 담배를 직접 말아서 피웠다. 두메산골이다 보니 종이가 귀해 주로 남은 교과서를 사용했다. 잎담배여서 순하고 연기가 많이 났다.

궐련 담배 만들기가 불편한 노인층에서 담뱃대를 이용해 잎담배를 피웠다. 담뱃대도 장유유서가 있었다. 아버지는 네 살 많은 백부 앞에 맞담배를 피해 돌아앉아 예를 지켰다. 어릴 때부터 담배를 배운 아버지는 왕 골초였다. 담배연기 때문에 고향에 가면 온 옷에 담배연기가 배이고 고통스러웠다. 아무도 아버지

고집을 꺾지 못해 운명하는 그날까지 담배를 피우셨다 그래서 으레 담배를 선물로 드렸다. 건강이 염려가 되었지만 아버지가 원하는 선물이라 쉬이 거절할 수 없었다. 담배와 재떨이, 라이터는 한조가 되어 아버지 곁을 지켰다. 하루에 서너 개비를 태우셨다. 담배를 근심을 쫓는 낙으로 사셨던 아버지는 88세까지 사시다 마침내 골초의 벽을 허물고 담뱃갑을 놓아두고 저승으로 가셨다.

*

사회에 나와 한 5년 담배를 피운 적 있었다. 삶의 시름을 지운 마법이 담배였다. 허파 안에 흡연해 환각을 경험했지만 어지럼을 일으켜 포기했다. 힘든 회사생활을 잊으려는 시도로 빼끔담배를 피우며 시름을 달랬지 싶다.

담배로 인해 내 목숨을 잃을 뻔했던 충격적인 사건을 소환 했다. 담배꽁초를 보면 그날의 악몽이 떠올라 몸서리난다. 담배꽁초는 무시무시한 시한폭탄이었다. 그래서 담배꽁초가 신경을 자극하기에 치우고 있는지 모른다. 20여 년 전의 일이었다. 고향에 다녀오면서 차를 운전 중에 담배를 피웠다. 담뱃불을 끄려고 달리는 차창밖에 손을 내밀어 담배불똥을 잘랐다. 그러나 불똥이 바람에 날려 차 안으로 도로 들어와 등 뒤에 떨어졌다. 순간 너무 뜨거워 몸에 중심을 잃었고 차는 중앙선을 넘었다. 근거리 반대편에서 버스가 마구 달려오고 있었다. 반대편에는 다행히 논이 보였고 가로수도 보였다. 운동신경이 있어 논으로 돌진하다가 조수석을 가로수에 끼이도록 부딪쳤다. 운이 살려준 찰나 시간. 그렇게 아찔한 순간이 비껴갔다. 차는 반파 됐지만 나는 차 안에 그대로 앉아 있었다. 이승과 저승의 경계에서 생존한 기적을 몸소 체험했다. 뒤따라온 사람이 문을 열었고, 경찰차가 빠르게 도착했다. 차는 크게 파손 되었지만 다친 곳은 없었다. 죽음을 부를 수 있는 아찔한 순간이 지나갔다. 조상이 돌봤지 싶다. 담배꽁초 하나가 자칫 대형사고로 이어질 뻔 했다.

정신이 아찔해 치가 떨렸던 담배. 그때의 담배꽁초가 몰고 온 충격으로 담배를 끊었다. 잘못 다룬 담배꽁초 때문에 인생이 달라질 뻔 했던 그 날이 살면서 경각심을 심어주고 있다. 그 트라우마를 지우기 위해 오늘도 우리 집 주변에 마구 버려진 담배꽁초를 치우고 있는지도 모른다.

봇도랑

*

봇도랑은 논에 물을 끌어들이는, 예로부터 내려온 전통농업문화유산이다. 흔히 수로를 봇도랑이라 부른다. 도랑이 보에서 시작했다 해서 봇도랑이다. 대개 기묘한 주상절리를 닮으면서 포석정 같은, 생명의 젖줄을 담고 있다. 지렛대와 망치, 정으로 바위를 쪼개고 굴을 뚫어서 긴 봇도랑을 만들었다. 물의 초입은 논보다 수위가 높아야하기에 봇도랑은 길게 이어진다.

원시적이고 천혜의 자연을 간직한 오지인 내 안태고향 봇도랑을 떠올린다. 워낙 계곡이 깊고 유속이 빠른 골짜기를 낀 두메산골에 있는 봇도랑. 골짜기 여울목에 물을 가두어 보를 만든다. 보에서 흘러내린 물은 흙과 시멘트로 만든 봇도랑을 타고 여정을 떠난다. 물은 자연을 움직이는 힘이 있다.

보 물길을 잇기 위해 가파른 절벽에는 통나무를 이용해 수로를 만들었다. 어쩔 수 없는 절벽이어도 생명을 살리기 위해서 결단코 포기하지 않는다. 긴 소나무 한복판에 둥근 홈을 파서 통나무 봇도랑을 만들어 길을 냈다. 지지대에 통나무를 얹혀 놓고 돌로 고정시켜 봇도랑을 만들었다. 험준한 계곡을 지나고, 통나무 수로는 가파른 벼랑을 곡예처럼 휘감아 돈다. 자연과 인공이 조화를 이루는, 어쩌면 감동의 봇도랑 예술품이 펼쳐진다. 긴 수로의 모퉁이를 돌아서면 신비한 계곡의 풍광과 만나는데 절경이다. 그 봇도랑 아래는 지치지 않고 흐르는 물이 윤슬을 일으키며 우렁우렁 흐른다.

곳곳에 이름 모를 꽃과 계곡이 어우러진 신천지다. 병풍 같은 기암절벽 척박한 바위틈 사이에서 나무들이 풋풋한 향기를 내뿜으며 거뭇하게 자란다. 숨은 속살을 드러내며 멀미가 나도록 감흥을 일으키는 왕피천 봇도랑이다. 외줄기 봇도랑 길을 따라가면 치솟은 산과 하늘이 환희로 몰아간다.

*

천혜의 사인이라 오염에 대한 두려움이 거의 없는 맑은 옥수다. 어른 아이 할 것 없이 놀이터 공간이고, 목마른 짐승들이 마시고 배고픈 아이들이 꿀꺽꿀꺽 마셨던 생명수다. 동네 여성들이 창포로 머리 감았으며, 농사일을 마친 아버지와 어머니가 몸을 씻던 노천탕이기도 하다.

봇도랑에서 물고기며 가재를 잡던 추억이 흥겨운 유희로 자맥질을 한다. 통나무 속을 뚫고 흘러나온 물은 다시 흙과 바위를 뚫은 봇도랑을 흐른다. 봇도랑에는 미꾸라지, 기름종개, 피라미, 가재 등 물고기들이 산다. 물고기를 보면 잡고 싶은 본능이 일어나는 것은 동심이 충만해 있기 때문이다.

고기를 검정고무신으로 떠서 잡아 웅덩이에 넣어두고 종일 놀았던 동심. 버드나무 가지에 아가미를 끼워 모닥불에 구워 먹으며 허기를 달랬던 추억. 동심으로 점철된 고향의 봇도랑에 대한 실루엣이 은은한 달빛처럼 스친다. 나는 봇도랑의 추억을 되새김질하고 글감으로 삼아 수필을 자주 쓴다. 왕피천 봇도랑은 창작의 배경이 되고 글력의 원천이 되어 내 안을 흐르고 있다.

그 보는 유입된 물 만큼 밖으로 내보내 수요공급의 균형을 이룬다. 수로를 따라 보에 갇혔던 물이 해방이라도 된 듯 벅찬 함성을 지르며 흘러간다. 물결이 물속으로 녹아들기 전에 잠시 모습을 보여주고 다시 우렁우렁 흐른다.

작가가 되면서 긴 글 봇도랑을 놓았다. 창작한 글이 흐르는 봇도랑이다. 반백년 넘게 갇혀있던 글발이 해방을 맞은 듯 물처럼 흐르기 시작했다. 가뭄에도 마르지 않는 글 샘이 되어 주는 왕피천 봇도랑이 흐르고 있다.

*

갇힌 보에서 탈출하기까지 물은 죄 없이 유배지에 머물러 있었을 것이다. 작은 골짜기의 지류에서 출발해 험준한 계곡을 지나고, 바위를 넘고 운명처럼 보에 갇혀 버렸다. 고요하고 평화로운 보에 갇혀 있을 때가 행복할 때도 있었을 것이다. 고된 여정을 하지 않아도 된다고 착각하며 머물렀지 싶다.

내가 오랫동안 한 직장에 머물렀던 것처럼 물도 자만심으로 안주 했다. 농사철이 지나면 물은 흐름이 느려지고 탁해져서 녹조까지 끼이고 만다. 갇혀있는 물은 일탈의 기회마저 막힌 사실을 모른 채 외로운 날을 보냈다. 우듬지로 쏟아지는 햇살, 하늘과 산이 호수까지 찾아와 위로를 하고 갔다. 마침내 봄이 왔을 때 물에게 천재일우가 찾아왔고 수로를 타고 흘러내렸다. 이별이 서러워 우렁찬 물소리를 내며 뒤돌아보지 않고 내달렸다.

나도 그랬던가. 어려운 회사를 살리기 위한 구조조정 때 사회로 탈출했다. 물처럼 나도 넓은 세상에 나왔지만 가보지 않는 길이라 두렵기만 했다.

보를 떠난 물은 가보지 않은 봇도랑을 흐르며 많은 경험을 했을 것이다. 엇길로 흐르지 않고 생명체 젖줄을 대는 본분을 다 할지 걱정했을 것이다.

회사를 퇴직한 나도 가보지 않는 작가의 길이라 처음에 걱정을 많이 했다. 물처럼 운명의 길을 거역할 수 없었노라 위로하며 두려운 길을 나섰다. 작가의 길은 봇도랑을 만드는 이상으로 험난하고 힘들었다. 노력 끝에 운 좋게 신춘문예에 당선되면서 기성작가의 여정을 걷게 되었다.

보를 떠난 물이 경계를 지우며 봇도랑을 타고 우렁우렁 흘러간다. 생의 환희를 누리며 때로는 잠시 머물렀다 다시 활기찬 물소리를 낸다. 물의 영혼이 따라오지 못할까봐 쉬어가며 천천히 흘러간다. 그 봇도랑 물처럼 문학의 세계를 넘나들며 기성작가 고지를 향해 매진하고 있다.

*

논에 물을 댈 때는 수문을 활짝 열어 봇도랑으로 흘려보내 물을 다스린다. 논에 물을 대고, 빼고 말리고 다시 물을 대는 과정이 풍작을 좌우지 한다. 행여 봇도랑 물이 샐까봐 돌아보며 관리해야 한다. 물꼬를 잘 보살필 줄 알아야 비로소 농사꾼이란 칭호를 들을 수 있었다. 논둑길 오가는 농부는 어깨에 삽자루가 들려 있어 농사철이면 빈틈없이 관리해서 물의 누수를 막는다. 나는 농사꾼이 물꼬를 보살피듯이 계획되어진 만큼 창작을 지속하고 있다. 봇도랑 같은 인생의 애환을 글감으로 작가의 역량을 높여가고 있다.

먼 이동을 마친 봇도랑 물은 모호한 경계를 허물어 수초사이를 헤집고 흘러든다. 논의 물꼬를 넘어 벼의 뿌리를 흠뻑 적신다. 젖으로 변해 생명체를 먹여 살리기 시작한 것이다. 양분을 수혈 받은 벼가 파르르 몸을 떨며 물 먹는 소리를 낸다. 논에 새 물을 들인 벼들이 지르는 환호소리지 싶다. 초여름부터 벼가 패고 익을 때까지 물은 논에 젖줄을 대며 벼를 키워 낸다.

보에서부터 낮게 숨죽이며 흘러와 벼와 뭇 생명체에게 젖을 먹이는 순간까지 낮게 흐른다. 그러고도 남은 물은 아래 논으로, 마지막 남은 물은 거랑으로 흐를 것이다. 봇도랑 물은 생명수가 되기 위해 몸을 낮추고 기꺼이 내놓는다. 세상에 낮추는 것만큼 겸손한 일은 흔하지 않다. 자세를 낮추어야 기본이 나오고 쉬이 다가 설 수 있다. 자신을 세우지 않겠다는 마음 때문에 자기를 낮추는 것이며, 겸손하고 마음을 비우는 일이다.

옛날 고향사람들이 절벽에 통나무 봇도랑을 놓았던 정신으로 글을 쓴다. 내가 꿈꾸는 작가의 여정은 봇도랑 여정을 옮겨 놓는 작업이기에 벅차다. 절벽을 지나던 봇도랑은 소멸되고 없지만 내 글감을 무두질해 용기를 준다. 통나무 봇도랑에 청수 대신 내가 쓴 수려한 글이 흐를 날을 기다릴 것이다. 타들어 가는 논밭을 달래줄 봇도랑 같은 숭고한 글짓기를 시도할 것이다.

한 폭의 풍경화처럼 다가오는 생명수를 날랐던 봇도랑 향수가 그립다.

외나무다리

*

경북 영주를 여행을 하면서 무섬마을 내성천에 놓인 외나무다리를 건넜다. 350년간 외딴 마을에서 외부로 통하는 길이 150m, 폭 30cm 외나무다리다. 통나무 중앙을 반으로 잘라 두 개 기둥을 강물에 세운 허리 높이쯤 된다. 다리기둥 반쯤이 물속에 잠긴 외나무다리가 옛 발자취를 핥아 내고 있다. 은빛 모래사장과 강물을 가로지른 긴 외나무다리가 경계 지우며 놓여있다. 나무와 나무를 엮어 만든 다리가 세월을 눕히며 악착같이 견뎌낸다.

극락세상과 현실세상을 연결해 준다는 사찰앞 다리를 닮은 듯 영험하다. 가난과 굴곡진 삶을 사는 사람들의 가교가 되어준 다리가 숭엄하게 보인다. 외나무다리는 한 때 교통과 문물이 오갔던 소통의 고리요 연결의 통로다. 강물의 위험을 없애고 무섬마을 40여 가구인의 불편을 없애주었던 다리다. 과거와 현재를 연결하는 다리에 걸터앉아 긴 역사와 전설을 음미해 본다. 다리 밑 물속에 비친 과거와 현세, 내세를 연결해 역사는 계속되고 있다.

*

곧지 못한 소나무로 놓은 외나무다리라 구부정 굽어 자연미를 더해 준다. 꺾기지 않고 올곧게 살라는 가르침이요 지나온 길을 돌아보라는 잠언이다. 물은 내성천 형상을 흉내 내며 굽이쳐 돌아 우렁우렁 흘러간다. 나무끼리 머리를 엮어 강을 건너는 사람들이 건너게 가교가 되기를 주저하지 않는다.

외나무다리를 연결한 넓적한 소나무에 남겨진 나이테를 유심히 바라본다. 삶이 굴곡져도 나이테처럼 둥글게 살라는 교훈을 준다. 나무는 나이를 옆으로 먹기에 장수를 누린다. 죽어서도 인간을 위해 가교 역할을 하는 나무를 생각하면 삶을 살아가는데 참으로 고귀한 교훈을 얻는다.

내성천이 산과 골짜기를 Ω형으로 에워싸며 풍경화를 그리면서 흘러간다. 무섬마을은 휘돌아 흐르는 모습이 물위의 섬과 같다 해서 지은 이름이다. 물속에 고운모래가 물살에 어지럽게 일렁거리고 내 몸도 따라 휘청거린다. 돌덩이가 물살에 구르고 닳아 마침내 작은 모래가 되었을 것이다. 내성천은 스스로 모래를 만들어 오물을 걸러내 청정옥수로 만들어 놓았다.

불현듯 처갓집이었던 무섬마을을 무대로 쓴 조지훈'별리別離'가 읊조려진다. 무섬마을에서 젊은 부인과 한 때 애틋한 이별과 슬픔을 쓴 그의 시에서 그 당시 모습이 소환 된다. 이별 상황에서 색시는 임에게 인사도 제대로 못하고 숨어서 그를 바라보고 있음을 시상으로 형상화 한 별리다.

*

무섬마을에는 콘크리트 다리가 들어섰지만 잊고 있었던 외나무다리를 복원한 이유는 왜일까? 외나무다리를 찾아오는 향수가 그리운 사람들 때문이다. 모래톱과 100년이 넘는 고택도 있지만 외나무다리를 건너기 위해 자주 찾는다. 그들의 서정은 외나무다리에 머물러있어 그리움을 달래기 위해 찾아온다. 오랜 시간이 지나도 그대로인 강과 외나무다리의 향수를 느끼기 위해서다. 자신의 기억에서 사라진 외나무다리 아래 나르시스를 느끼기 위해서다.

간혹 외나무다리를 건너다 물에 빠진 사람들 이야기도 전설처럼 전해온다. 외나무다리는 여행객의 발길을 붙잡아 두는 마력이 있다.

다리의 사명은 연결시켜 주는 일이다. 소통이 되지 않는 물은 고여서 썩는 법이다. 옛날에는 육지의 섬이어서 외나무다리를 건너야 농사도 짓고 학교나 장에 가려고 아슬아슬 다리를 건넜으리라. 다리를 건너야만 세상문명과 소통이 가능했다. 가마를 탄 신부가 다리를 건너와 무섬마을에 평생을 살다 꽃상여를 타고 다리를 건넌 애잔한 다리다. 독립운동을 하다가 일경에게 붙잡힌 18명 마을청년이 줄줄이 포승줄에 묶여 영주천변으로 끌려간 다리다. 원수가 되어 외나무다리를 건너다 마주쳤을 것이다. 짚신도 물에 떠내려 보내고 발만 동동 구를 때도 있었으리라. 홍수가 발생해 급류에 다리가 끊겨 강가에서 애태우던 때도 많았으리라.

*

내가 초등학교를 다닐 때는 왕복 20리가 넘는 길을 오가며 하루에 여덟 번 외나무다리를 건넜다. 나무판자에 구멍을 낸 기둥을 박아 외나무다리를 왕피천을 가로질러 놓았다. 어른 신장보다 높고 좁은 외나무다리를 건너기 위해서는 매우 조심을 해야 했다. 특히 홍수가 나서 황톳물이 일 때나 강풍이 부는 날, 서리가 내려 다리가 미끄러운 날에는 목숨을 담보로 하며 건넜다. 굽이치며 꼭 뱀처럼 흐르는 왕피천 불편을 지워준 외나무다리는 위험했다. 홍수가 잦은 여름철에는 다리가 자주 끊겨서 험준한 산을 넘어 통학 했다. 다리와 다리 사이를 묶은 밧줄이 만들어져 있어 홍수가 끝나면 바로 놓았다. 홍수가 잦아 다리는 끊기고 다시 놓았는데 학교를 쉬는 일이 빈번했다.

어느 겨울 외나무다리를 건너다 중심이 한쪽으로 기울면서 살얼음이 낀 강물에 빠지고 말았다. 물속에서 허우적거리다 겨우 빠져 나왔지만 극심한 추위로 몸을 떠는 고통에 시달렸다. 검정 고무신도 벗겨져 떠내려 가버려서 발은 동상 직전까지 갔다. 선배들이 나무를 모아 불을 피워줘서 겨우 추위를 이겨냈다. 그래서 외나무다리를 건널 때마다 두려움이 생기고 긴장을 한다. 두려움이 있었기에 안전하게 건넜고, 다리를 연결 했기에 발전을 촉진했지 싶다.

*

무섬마을 외나무다리를 무작정 건너다 물멀미가 나서 중간에 주저앉았다. 차멀미, 뱃멀미, 사람멀미를 해보았어도 물멀미는 처음 겪어보는 일이다. 유년에 건너간 이후 너무 오랜만에 건넜기 때문에 두려워서 그랬지 싶다. 다리를 붙잡고 강물 속을 본다. 내 그림자가 물속에 비치고, 물고기들은 외출을 한 건지 눈을 크게 뜨고 살펴보아도 보이지 않는다.

입자가 고와 햇살을 받아 설원과 같은 모래밭에 독기를 품은 햇살이 마음먹은 대로 내려와 달군다. 모래는 강에 몸을 바짝 대고 꼼짝하지 않는다. 강은 물소리를 내고, 햇살은 춤추듯 강을 건너 모래위로 내려앉는다. 그 일렁거리는 햇볕의 무늬가 마음에 평온을 불러 와 광포한 기쁨을 선사한다.

외나무다리에 앉아 물소리를 들으면서 동시에 강바람의 연주를 만끽한다. 바람이 밀고 가며 일렁이는 물이 현란한 대하드라마를 방영하는 것 같다.

내 마음에 흐르는 강을 가로질러 외나무다리를 놓았다. 오를 수 없는 벽을 만날 때 건너갈 다리를 놓았다. 고독하고 쓸쓸할 때 나르시스를 느낄 수 있는 외나무다리. 자아를 발견하고, 인생을 발견해 즐거움이 만연한 다리다.

인생의 외나무다리는 건너기가 여간해서 쉽지가 않다. 신경을 곧두세우고 총화를 모아 발걸음을 조심해서 내딛어야 건널 수 있다. 여태껏 외롭고 굴곡진 인생의 다리였다. 전체 다리 중 중간 쯤 건너왔지만 남은 다리를 건너야 한다. 자칫 다리를 잘못 건너 돌아 올 수 없을까 두렵다.

내 인생의 강을 가로지른 외나무다리는 안전하고 튼튼하게 놓을 참이다. 몸과 다리를 혼연일체로 해 무사히 외나무다리를 건너는 연습을 해야겠다. 균형을 잃지 않고 두려움에 맞서는 용기, 헛발질 하지 않고 건너갈 것이다.

요강

*

여성들만 근무하는 노인요양센터에서 사회복지사실습을 한 적이 있었다. 남자란 이유로 여성들을 배려하기 위해 변기에 앉아서 소변을 봐야 했다. 소변이 비데 밖으로 나오는 것을 방지하기 위해 어색했지만 규칙에 따랐다. 서서 소변을 보던 습관이 굳어져 요강 앞에 무릎 꿇고 소변을 봤던 유년에 비해서 불편함이 조금은 덜했다. 남자인 내가 여성전용 변기에 볼일을 보자니 묘한 느낌이 들었다.

변기에서 볼일을 보는데 유소년 때의 요강이 떠올랐다. 두메산골의 겨울밤은 추위가 심했기 때문에 해가지면 요강을 방안 아랫목에 들여 놓았다. 방에서 떨어진 곳에 있는 화장실 길이 어둡고 무서워 요강에 의존을 했다. 한 밤중에 잠에서 깨어나 구석에 놓인 요강 앞에 꿇어 앉아 소변을 봤다. 요강은 내 몸에서 탈출해 요란한 소리를 내는 소변을 말없이 받아주었다. 밤에 배출되는 생리현상인 소변을 해결하기 위해서는 요강이 적격이었다. 소변을 누는 의식을 치러야만 비로소 편안한 잠을 잘 수 있었다. 무릎을 꿇고 마지막 소변 방울을 배출하기 위해 몸을 흔들면 비로소 볼일이 끝났다. 불편했던 소변을 내 보냈다는 쾌감으로 몸을 흔들렸지 싶다.

*

요강은 방 안에 들여 놓은 소변을 누는 용기다. 양은으로 되어 무게도 가볍고 취급하기가 편리한 구조다. 평상시 집 밖에 있어야 하지만 밤이 되면 어린아이와 여성들에게는 요긴한 필수품이었다. 동물들은 소변으로 영역을 표시하지만, 명색이 사람인데 영역표시는 못하고 치부를 덮어주는 요강에 은밀하게 소변을 남기는 작업을 한다.

내가 사용했던 요강은 가난한 보통사람이 사용하는 양은 재질로 되어 있었다. 모르긴 몰라도 부잣집 요강은 고급스러운 놋쇠요강이지 싶다. 솔잎과 국화를 깔아 향기까지 내며 호강을 누리는 고급 요강도 있었을 것이다. 요강 중에는 모란꽃이 만개한 요강도 있어 예술의 경지를 넘나 들기도 했을 것이다. 호박처럼 두루뭉술한 요강에도 주술이 있어 숭배 물상이 되기도 했지 싶다. 주술은 소변에도 영혼이 있는 액체인지라 귀신이 살고 있다고 믿고 있다. 객귀를 물릴 때는 빼놓지 않고 요강을 공격해 귀신을 쫓곤 한다.

*

밤중에 한 번쯤은 꼭 요강에다 소변을 눠야 소변싸개를 면할 수 있었다. 어두운 방안에서 비몽사몽해도 쉬이 찾을 수 있게 위치를 알아 놔야 했다. 잠에 취해 일어나지 못하면 십중팔구는 입고 있는 자기 옷에다 싸버린다. 옷은 물론이고 솜으로 만든 두터운 이부자리에 그림을 그려 놓기 마련이다. 소변을 싸면 키를 눌러 쓰고 이웃집에 가서 소금을 구하러 갔다 와야 했다. 오줌싸개라는 놀림감이 되기 싫어서 한 밤중에는 꼭 볼일을 봐야 안전했다. 어릴 때 두메산골에는 요강이 없으면 화장실 가기가 무서웠다. 변이 떨어지며 내는 소리는 꼭 귀신이 외치는 곡조처럼 두려웠다. 눈이 많이 내릴 때는 굶주린 산짐승들이 내려와 어슬렁거릴 때도 있었다. 바람소리 자체가 귀신으로 여겼기에 문밖에만 나가도 등골이 오싹해졌다. 가끔 어머니를 졸라 화장실에 갔다. 그래야만 심리적인 안정을 찾게 되어 대소변 배설을 제대로 할 수 있었다. 어머니가 계시지 않으면 마당 구석 거름자리에 변을 누고 아침에 삽으로 치웠다. 화장실 트라우마는 초등학교 입학 때까지 이어졌다.

사위가 고요한 야심한 한밤중에 잠결에 들리는 소변 소리는 정적을 깼다. 소리의 굴절현상 때문에 밤에는 잡음도 크고 시끄럽게 들리기가 십상이다. 어느 정도 소변이 요강에 차고 나서는 들리는 소변 소리도 많이 줄어 든다. 따라서 요강은 생리현상을 해소하는 누구도 차별 않는 군자다운 물상이다. 몸에 쟁여둔 배설물을 내놓아도 묵묵히 받아주는 요강은 넓은 바다와 같다.

살다보면 성질을 참지 못하고 폭발시킬 때마다 요강단지를 생각한다. 조용하게 담아두고 비울 때를 기다리면 될 일을 참지 못하고 쏟아낸다. 요강단지처럼 받아 담지 못하는 작은 품 때문이지 싶다. 넘치지 않게 묵묵히 식구들의 소변을 채워주는 요강단지. 밤새도록 궂은일을 책임지고 맡아 식구들 근심을 덜어주는 해결사 요강의 융숭 깊은 속과 넓이를 복제하고 싶다.

요강 앞에서는 누구도 격식을 차리거나 부끄러워하지 않는 특성이 있다. 제아무리 부자요 지체가 높아도 요강단지 앞에는 격식을 차리거나 부끄러워하지 않는 것은 요강이 모태를 닮았기 때문이 아닐까 싶다. 그래서 소변 색깔과 양도 따지지 않고 은밀한 성적비밀도 지켜준다. 두려움 없이 은밀한 부분까지 내놓을 수 있는 것은 요강의 믿음 때문이다. 생리적인 현상 소변은 두려움이 없이 편안해야 시원하게 해결할 수 있다. 오롯이 부담 없이 내려놓아야 인체에도 탈이 생기지 않는 법이다.

*

요강에 소변을 눌 때는 소변에서 지린내가 난다. 요강은 뚜껑을 덮어 불결한 내면을 숨긴다. 그래서 요강은 더럽고 불결한 생각이 앞서는 물상이다. 뇌가 우선적으로 부정적인 생각을 하는 습관을 지니고 있기 때문이지 싶다. 그래서 요강이 주인과 잘 지내기 위서는 틈만 나면 청결하게 세척을 했다.

아침 일찍 요강을 버리는 일은 어머니 몫이었다. 열병이 나고 곪아 터질 법도 한데 어머니는 침묵 일변도셨다. 육남매가 성질을 참지 못하고, 어머니라고 만만하게 쏟아내도 완고하게 눌러 앉혔다. 요강 속 소변처럼 차올라도 복장을 쓸어내리며 말없이 인내했다. 차면 비우고 깨끗이 씻어버리는 요강처럼 식구를 위한 어머니 삶도 그렇게 희생을 했다. 자식을 키우며 어머니 마음에 상처가 되어 아려도 요강처럼 뚜껑을 덮어 무덤하게 삼켰지 싶다. 아무 일 없다는 듯이 꾹 덮어 놓았고 요강꽃처럼 꽃을 피웠을 것이다.

*

요강은 언제고 내 생리적인 근심을 시원하게 해결해주는 어머니 같았다. 내가 자라오며 거리낌 없이 어머니 치마에 소변을 눈 전력 때문이다.

베틀에서 일하는 어머니에게 떼쓰며 바닥에 뒹굴며 떼를 쓴 일이 있었다. 단옷날, 동네 또래들과 부침개를 만들기 위해 밀가루를 달라고 떼를 썼다. 못난 성질머리 한 번 고치려고 어머니는 끝내 부탁을 거절했다. 막무가내기로 애걸했지만 어머니는 큰 바위였다. 섭섭함을 넘어 차오른 분이 넘쳤다. 골목대장답게 내가 낼 수 있는 성질머리는 죄다 어머니에 앞에 쏟아냈다. 속을 다 비운 요강처럼 내 안의 감정찌꺼기까지 다 쏟아 내니 힘이 빠졌다. 어머니는 낙공불락의 요새 같이 고집부리는 내게 눈 한 번 주지 않으셨다. 내 울음소리를 자장가 삼아 쳐다보지 않고 베 짜는 일에 몰두하고 계셨다. 속이 부드러운 어머니의 겉은 바늘로 찔러도 꼼짝하지 않을 만큼 냉정했다. 그래도 천하의 고집불통인 나에게는 최후의 마지막 한 칼이 남아있었다. 몇 시간 째 이어지는 떼쓰기는 일부러 코피를 내는 극단적인 자해를 했다. 심지어 손으로 코를 막아서 고인 코피를 땅바닥에 보란 듯이 휙휙 뿌렸다. 순식간에 나의 얼굴 전체가 비린내 나는 핏자국으로 단청을 하고 말았다. 순간 어머니는 강했지만 여자는 나약했다. 놀란 가슴을 쓸어내며 어머니는 당신의 삼베 치맛자락에 내 얼굴을 감싸며 달랬다. 야단을 치고 나무랄 줄 알았던 어머니는 소변을 품는 요강처럼 나를 품었다. 그 옛날 어머니 치마폭에 소변을 쌌듯이 남은 오줌을 배출했다. 그러고 나서 서러움이 폭발해 목청껏 엉엉 울었다. 울음은 강하게 엉킨 감정 덩어리를 녹였다. 얼마나 참았으면 옷에 소변을 쌌을까. 고집하나는 어머니도 어찌 못했다. 그 일이 있는 후 어머니의 깊은 속과 넓이를 닮기 시작했다.

내 마음속에도 요강을 들여 놓았다. 언제고 눌 수 있는 어머니 치마 같은 요강. 편린을 비우는 요강이다. 마음에 생여둔 생재기도 담았다 비우는 요강이다. 내 마음속의 요강을 비우고 닦으며 인생 이모작 삶과 맞장을 뜬다.

작두, 그 노스탤지어

*

옥상 텃밭 밑거름을 만들기 위해 창고에 보관 중이던 손작두를 꺼냈다. 자주 사용하지 않아서 낡아 보이고 시무룩해 보인다. 사용하려고 구입했으면 자주 사용해야지 하필이면 지금이냐고 투정을 부리 듯 먼지를 일으킨다. 작두날은 예리하지 않지만 직사각형의 길쭉한 막대모양 누름쇠 한쪽을 고정시켜 상하로 눌러서 작업하도록 만들어진 일명 약초절단용 작두다.

작두는 소의 여물을 만들거나 논밭 퇴비용 풀을 잘랐던 전통 농기구이다. 유년 때 우리 집에 있었던 작두는 내가 산 약재절단 작두와 조금 다르다. 길이가 1.5m쯤 되는 무쇠 작두날을 통나무 발판에 고정시키고, 누름쇠 중앙에 홈을 만들어 누르면 작두날이 들어가 절단작업을 하는 형태다.

작두가 할 일은 겨우내 잠잤던 옥상텃밭 토질개선을 위해 퇴비작업이다. 지력을 회복시켜 기름진 텃밭을 만들기 위해 식물의 줄기를 자르는 일이다. 자연친화적인 글쓰기를 해 볼 심상으로 일군 옥상텃밭이다. 싱싱한 토마토, 깻잎과 풋고추 반찬거리를 재배하는 텃밭을 일구려고 작두작업을 시작했다. 발판을 발로 밟아 고정시키고 작두를 손으로 눌러서 깡마른 풀을 잘랐다. 칼날에 식물줄기를 댄 뒤 누름쇠를 누르니 부드러운 퇴비가 만들어 졌다. 앙상하게 있는 들깨줄기를 뽑아 손가락 크기로 자른 뒤 퇴비를 만들었다. 작년 가을에 거두지 않아서 남아있는 줄기와 넝쿨을 잘라 텃밭에 뿌렸다. 약재로 사용하고 남은 오가피나무와 옻나무도 작두로 잘라 텃밭에 뿌렸다.

허리를 굽혀 오랫동안 작업을 해 허리 통증이 오고 팔에도 무리가 왔다. 예정에도 없던 일을 갑자기 하느라 고추바람에도 온몸이 흠뻑 땀에 젖었다. 오랜만에 작업을 하는 작두도 힘이 들고 급하게 작업을 하는 나도 힘들다. 한 몸처럼 움직여 안전사고 예방에 신경을 썼다. 짚이나 풀을 넣어서 절단하는 작두작업은 숙련이 되어야 안전하다. 풀을 넣는 손은 사칫 잘못하면 작두날에 손가락이 잘리는 사고가 날 수 있기 때문이다. 누름쇠를 누르는데도 중심을 잃거나 미끄러져서 다치는 경우가 있는 매우 불안한 작업이다.

퇴비를 만드는 작업은 어릴 때 본 아버지의 몸동작을 따라 했다. 일의 속도에 장단을 곁들여 신들린 기계처럼 작두작업을 하시던 아버지 모습. 빈농의 향수가 강물위로 풀어져 오르는 안개처럼 고향의 작두를 소환한다. 지금은 농촌에도 볼 수 없는 추억 속 작두에 대한 노스탤지어에 잠긴다. 무수한 짚과 들과 산에서 베어온 풀을 자르는데 없어서는 안 되는 작두였다.

*

뻐꾸기 우는 봄이 오면 고향 마을에서는 풀을 낫으로 베어와 거름을 만들려고 작두로 쓰느라 분주했다. 봄에 웃자란 산의 풀은 보드랍고 연하여 낫으로 베기가 좋았다. 삼베 적삼을 입고 한 아름 벤 풀을 지게에 지고는 가파른 산길을 걸어 집까지 운반했다. 들에서는 꼴을 베어 집으로 날랐다.

퇴비용 풀은 집채만큼 쌓일 때까지 작두 작업을 했다. 자른 풀은 차곡차곡 쌓아서 뒤란에 원두막 집을 지어 보관했다. 관청에서 사제 쌀 막걸리 단속을 나오면 술 단지 채로 몰래 숨겼던 곳이다. 이때는 집안이 싱그러운 풀 향기로 가득했다. 봄까지 그 풀을 외양간 바닥에 깔았다. 날마다 작두로 잘라서 쌓아둔 풀을 한아름 안아 외양간에 깔아주는 일을 했다. 외양간 바닥에 깔린 풀은 소가 밟고 분비물이 묻어 양질의 두엄이 되었다. 풀이 썩어 두엄이 되면 농사철에 퇴비로 사용했다. 두엄을 밭에 뿌릴 무렵 동네 청년들이 달밤을 이용해 품앗이로 지게에 짊어지고 운반을 했다. 품앗이로 두엄을 밭에 내는 작업을 마치면 먹거리로 연회를 했던 연례 축제였다.

가을걷이가 끝나면 소에게 먹일 여물을 만드는 작업을 했다.

탈곡을 끝낸 짚을 작두로 잘라 소여물을 만들었다. 소여물은 여름에 풀들이 연할 때는 그냥 꼴을 베어다 먹였다. 소여물에는 짚 외에 콩대, 옥수숫대, 고구마줄기, 마른풀을 썰어 먹였다. 여물은 봄까지 소죽을 끓일 수 있도록 움막집 가리를 만들어 저장했다. 쇠죽 끓일 때는 여물을 쌀뜨물 등 구정물에 콩깍지나 등겨 등을 섞었다. 농작물을 끓이면 구수한 냄새가 났다. 쇠죽 추억이 짙은 것은 구수한 농촌냄새가 서려 있기 때문이다.

*

오랜 세월동안 작두로 풀과 여물을 잘라도 가난은 쉬이 잘라내지 못했다. 대를 이어 내려오는 가난을 넝마처럼 걸치고 살았다. 근대화의 불길은 청년인 형님의 빈농 탈출욕구에 불을 지폈다. 만류하는 아버지와 일탈을 꿈꾸는 형 사이에 금이 생기기 시작하더니 급기야는 작두로 풀을 자르면서 대형사고가 나고 말았다. 형님의 검지손가락이 작두에 잘린 사고였다. 검붉은 피가 흐르는 손을 잡고 고통을 호소하던 형의 모습이 안타까웠다. 두메산골이라 변변한 치료약도 없어 형의 손가락은 큰 고초를 겪게 했다. 형의 손에서 잘려 나와 땅바닥에 꿈들거리는 손가락. 바닥에 데굴데굴 구르며 고통스러워하는 형. 새파랗게 질려 어쩔 줄 모르는 아버지의 표정. 뒹구는 잘린 손가락을 붙이려 했지만 의술이 없는 상황에서 허사였다. 상처가 아무는 속도만큼 형의 일탈은 구체화 되었다. 상처가 치유되기 전 형은 미련 없이 고향을 등졌다. 작두는 형이 다른 세상에 의욕을 펼치는 계기를 만들어 주었다.

*

내 안에도 작두가 있다. 뒷걸음치고 헛발 치는 나를 일깨우는 판관포청천이 있어 매우 든든하다. 칼날과 누름쇠가 일체형이고 혼자 작업할 수 있는 작두다. 그 옛날 사형수의 목을 따던 작두고, 포승의 손잡이 끝을 용으로 장식한 판관포청천이 부렸던 작두다. 용머리 작두가 안에 살고 있지 싶다. 정의를 가진 심성과 공정의 대안을 제시해 주는 작두도 내 마음속에 있다. 올곧은 가치관을 가지게 순기능을 한 작두다. 행위가 불편하고 거슬리면 작두를 불러내 평정 한다. 나를 심판하고 안내하는 나침판이다. 쓸데없이 치우친 고집을 피우거나 졸부의 행동을 하면 불러내는 작두다. 불의에 오염되지 않도록 지켜주고, 곧은 판별을 해주는 품성 있는 작두다.

"작두를 대령하라."

위압을 주는 목소리와 함께 얼굴에 반달모양 문신이 일그러지면 위엄이 넘치는 용모양의 작두가 한 치의 어김도 없이 등장한다. 자존심과 아집도 작두 앞에 서면 부들부들 몸을 떨며 솔직해 진다.

작두는 역사상 죄를 벌하고 종교 박해를 하면서 사람 목을 잘랐던 흉측한 물상이다. 풀과 여물이 아닌 사람의 목을 겨냥했다니 온몸이 섬뜩해진다. 그 옛날 천주교 박해 때 작두로 목을 잘랐던 비화를 생각하면 전율이 인다.

작두를 바라본다. 온갖 번민들이 겁을 먹고 사라지면서 평온이 찾아온다. 아픈 기억으로 남아있는 그 작두에 대한 노스탤지어가 저만치서 서성인다. 손작두 작업을 끝낸 옥상텃밭이 푸짐해져 온다.

호롱불을 밝히다

*

책상 앞에 앉아 독서를 위해 탁상용 전등불을 켰다. 불빛이 광원으로부터 빠른 속도로 빠져나와 책상 주변을 훤하게 밝혀준다. 생각해 보면 유년의 호롱불에서 전등불까지 산업문명은 광속으로 발전했으니 격세지감을 느낀다. 화약 냄새 풍기던 성냥불이 호롱불로 바뀌어 어둠을 밝혔던 아련한 추억이 스쳐간다. 예나 지금이나 불빛은 자신이 원하는 곳을 비추어 원하는 세계를 만든다. 어둠에 덮여 보이지 않았던 책속의 글귀들이 불빛에 제 모습을 드러낸다. 빛의 후광 덕분에 앉아서 독서하며 가보지 않은 세계로 여행을 떠난다. 시간이 지나면 싫증이 나고 눈이 침침해 온다. 잠을 쫓기 위해 창문을 열고 밤하늘에 떠있는 달을 바라보면 여전히 변하지 않은 유년의 달빛이 눈에 꼽힌다. 두메산골 창호지 창문에 비친 월광곡이 호롱불처럼 깜빡인다. 달빛에는 변하지 않은 내 유년의 상황이 그림동화처럼 켜켜이 쌓여 있다.

*

유년시절 고향 마을에 해가 지면 전기가 없어 어둠이 온 세상을 덮었다. 호롱불을 붙이기 위해서 필요한 성냥은 부싯돌을 대체해 수요가 폭발적으로 늘어났다. 성냥은 화약이 터지면서 섬광을 내며 성냥개비에 불이 붙는다. 호롱에 석유를 가득 채워 심지에 불을 붙이면 어스레한 두메산골 방안이 훤히 밝아진다. 15가구 집집마다 호롱불을 밝히면 동화 속에나 있을 법한 평온한 모습이 두메산골 마을에 펼쳐지곤 했다.

불을 훤히 밝힌 호롱불심은 속살이 붉게 드러났다. 고행을 통하여 전생에서 지은 업보를 불태우려하는 구도의 몸짓처럼 밝아왔다. 호롱불이 없었다면 어둠 속 산골은 암흑세상이 되고 말았을 것이다. 빛을 내는 일은 그만한 희생이 수반되는 것인데 호롱불의 숭고한 희생이 있었기에 가능했지 싶다.

호롱불을 밝히고 방에 옹기종기 모인 가족들의 대화는 정답고 훈훈했다. 문밖에는 살을 에는 혹한이 불어 닥쳐서 문풍지까지 시끄럽게 떨렸기 때문에 방안은 온기가 더했고 호롱불도 더 밝게 빛났다.

사기로 만들어진 회색 호롱의 중앙에는 불조심이란 글씨가 새겨져 있었다. '자나 깨나 불조심'운동을 전개하면서부터 화재로

부터 안전을 강조했다. 호롱불이 넘어지면 기름이 쏟아지고 위험해진다. 이때 일어날 화재를 방지하려는 지령 같은 붉은 글자다. 부엌과 안방을 동시에 밝혀주는 양실조명방식이 유행했다. 방안과 부엌의 벽을 어른 어깨 높이에 큰 성냥갑 크기로 뚫어 부엌 쪽에 유리로 봉했다. 호롱불은 부엌문화에 기여는 물론 두메산골의 문화혁신도 함께 이루어졌다. 가난의 굴레는 벗어나지 못했다. 가난을 호롱불에 태우며 유년을 보냈다. 베이비부머 시대여서 작은 산골집안에 식구들로 바람 잘 날 없었다. 호롱불 온기만큼 식구들이 내뿜는 열기도 추위를 이겨낼 수 있게 했다.

*

창호지 창문을 뚫고 밖에 새어나오는 호롱불빛은 밖에서 바라보면 등대다. 눈으로 덮인 두메산골의 밤을 밝히는 호롱불은 그윽하고 정답게 느껴진다. 소리 없는 불빛이 되어 인적 드문 두메산골의 어둠을 밝혀주는 등불이다. 눈이 많이 내리면 먹이를 찾던 동물들이 호롱불빛을 보고 희망을 가졌다. 담비에 쫓기던 노루가 호롱불빛을 보고 문 앞으로 들이닥칠 때도 있었다. 눈앞에서 먹이를 놓친 담비는 사람들이 두려워서 되돌아가고 돌아갔을 것이다. 집안에 드는 짐승은 잡지 않는다는 미신이 있어 아침에 노루는 놓아주었다. 호롱불빛이 아니었으면 단비 밥이 되었을 노루는 뒤돌아보며 산으로 갔다. 길을 잃은 탁발승과 거지들이 불빛을 보고 가끔씩 우리 마을로 찾아들었다.

호롱불은 어깨 높이에 불을 밝힌다. 벽에도 창호지 스크린에도 그림자가 비춰져 두메산골 사람들의 생생한 생활상을 그대로 보여주었다. 창문 스크린에 비친 그림자는 가장 순수한 가족 드라마를 방영했다. 호롱불이 커져 방안을 훤히 밝힌 두메산골 집집마다 특색 있는 스토리텔링을 만들기 시작했다. 호롱불빛이 만든 얼굴 없는 아바타의 명연기는 감동적인 휴먼드라마였다.

형님이 앉은뱅이책상에서 천자문을 읽는 소리가 창문 밖으로 새어나왔다. 허리를 앞뒤로 흔들며 박자를 맞춰 천자문 읽는 그림자가 창문에 비쳤다. 허리 반동 때마다 글 읽는 형님의 목청은 꺾기가 부드러운 판소리였다.

어두침침한 호롱불에 바늘귀를 대고 실을 꿰는 어머니는 명배우지 싶다. 구멍 나고 해진 옷을 깁은 것이 아니라 자식의 해진 마음을 꿰맨 것이다. 삼나무 껍질을 서로 이어서 실 작업을 하느라 어머니 무릎이 검게 변해버렸다

겨울밤을 밝힌 호롱불과 어머니 집념이 벽만 같았던 가난을 굴복 시켰다. 길쌈하는 누나들의 웃음소리가 월담을 하면서 초승달도 귀를 쫑긋 세웠다. 사랑방에는 새끼를 꼬고, 돗자리를 만드는 아버지 그림자가 연극을 했다.

엄동설한 눈뭉치에서도 호롱불은 밤을 밝혀 가난을 벗는 배냇짓을 했다. 깊어가는 겨울밤, 바람이 스치면 호롱불이 흔들리고 세상도 함께 흔들렸다. 어차피 인생은 흔들리며 사는 것이 아닌가. 산골아이는 바람막이를 달고, 불빛 밝기를 조절하기 위해서는 바늘로 불똥을 긁었다. 성에 차지 않은지 호롱의 뚜껑을 열

어 심지를 손으로 잡아 오르내리기를 해 조절했다.

호롱불을 앉은뱅이책상 위에 옮겨 놓고 학교에서 내준 숙제를 시작했다. 희미한 불빛 아래 글자가 잘 보이지 않으면 심지를 올려 밝기를 조절했다. 불을 밝힌 그을음은 꼬리를 흔들며 위로 올라갔다가 코에 까맣게 앉았다.

허리만큼 쌓인 눈을 나무 삽으로 헤집고 벌통 안에 있던 감을 꺼내왔다. 반쯤 얼어붙은 감을 꺼내 간식으로 먹으면 입안이 시리고 차가워 고생했다. 군불을 때 바닥이 뜨거운 아랫목에 배를 붙이고 차가운 기운을 쫓아버렸다. 아랫목서 술이 익는 장단에 맞추어 호롱불이 깜박이며 겨울밤은 깊어갔다. 벽이나 창호지문을 스크린으로 삼아서 손을 이용한 그림자놀이도 했다. 그림자 크기가 몇 배로 확대되어 벽면을 가득 채웠다. 두 손바닥이 합쳐진 손가락 놀림에 따라 토끼도 만들어 지고 컹컹 짖는 개도 만들어 지곤 했다. 상상한 것을 그림자로 표현하는 신기한 팬터마임을 즐겼다.

일찍 꿈나라에 떨어진 동생 코고는 소리가 고요한 적막을 허물어 버렸다. 밤은 이슥하고 아랫목 술 익는 소리는 은은하고 밝은 호롱불이 그윽했다. 밤하늘에 요요히 떠있는 달님이 가난한 식구들의 그림자를 지켜봤다.

*

두메산골 어둠을 밝혀준 호롱불을 마음속에 들여 놓았다. 방안의 물상들을 빛에 드러내 속속들이 보여주는 호롱불이다. 온갖 편린과 스트레스를 태우고, 내 안의 잡념들을 죄다 태워줄 호롱불이다. 자신을 태워 세상을 밝혀주고 사위어 가는 두메산골을 밝혀 준 호롱불 정신을 복제한 것이다.

호롱불은 어둠을 밝혀 사랑을 실천하는 숭고한 몸짓이다. 제2의 인생을 살면서 순수하고 휴머니즘이 넘치는 드라마를 만들어줄 호롱불을 켤 것이다. 등지면 그림자가 보이는 호롱불로 앞길을 밝혀 새로운 세계로 나아 갈 것이다. 비바람에 중심이 흔들려도 꺼지지 않는 호롱불 켜고 갈 것이다. 살다가 다툼과 알력이 생기면 호롱불을 켜고 다가 갈 것이다.

가난을 태웠던 추억 속 호롱불은 역사 속으로 사라지고 없다. 없어지면 그리운 법이다. 어렵고 궁핍했던 유년에 밤을 밝혔던 그 호롱불이 그립다.

5부 유람을 떠나다

돌산

*

2018년 11월경 해발 2,437m 중국의 서안에 위치하고 있는 화산에 올랐다. 서봉 중간지점까지 케이블카로 오른 뒤 정상까지 왕복 4시간을 등산했다. 피뢰침처럼 뾰족한 산봉우리가 날카롭게 우뚝 솟아 하늘을 찌를 듯 위용이 서려 있었다. 하늘과 땅이 서로 만나 밀어를 나누고 있는 돌산 봉우리에서 신령한 기운이 솟아 나오는 듯 했다. 거대 에너지를 하늘로 보내는 경계에 구름이 머물고 있어 더 신령했다. 보이지 않는 기가 왕성하게 분출되고 있는 까마득한 정상을 바라보고 거친 호흡음을 내며 산을 올랐다.

거대한 산, 중년의 산을 오른다 생각하니 감회가 깊었다. 내 인생이 긍정적으로 나아가고 있다는 증거가 아닌가 여겨졌다.

*

다섯 산봉우리를 거느린 화산이 웅장한 위력을 뽐내면서 다가오고 있었다. 해발 2,437m 서봉의 험준한 산세가 겁이라도 줄 듯 앞을 막고 섰다. 산 전체가 화강암인 거대한 돌덩이 돌산이 위용을 떨치며 뽐냈다. 다섯 봉우리가 연꽃 같아 화산이라 부른다. 또 화산은 중국 중앙부에 위치하고 있다고 하여 '중화산'이라고도 불린다. 화산과 황하유역에 사는 민족을 '화하족' 또는 '중화민족'이라고 불렀다. 중국 국호인 중화인민공화국은 중화산에 뿌리를 두고 있다. 천지창조 설화에 나오는 주인공은 반고다. 그는 알에서 깨어나 천지를 개벽했고, 사후에 그의 사지와 오장육부는 산천과 초목으로 변했다. 화산은 반고의 발이 변하여 생겨난 것이라고 전설은 역설하고 있다.

서안은 중국을 최초 통일한 진시황무덤과 병마용 유적지가 있는 도시다. 당 왕조의 수도였던 장안을 비롯한 13개 왕조의 수도가 지금의 서안이다. 중앙아시아를 넘어 유럽으로 통하는 문명교역로인 실크로드의 시작점이다. 중화민족 태고의 발자취를 품고 있는 신비의 산. 굽이쳐 흐르는 황하강 물줄기가 유유히 흐르는 땅. 진짜 중국의 민낯을 만날 수 있는 서안이었다.

*

내가 오르고 있는 최고봉인 서봉은 산 능선이 톱날 같이 매우 날카롭다. 때 이른 눈이 내려 길은 빙판이다. 험준한 그 길을 오르자니 겁부터 났다. 계단은 폭이 좁고 매우 가팔라 아슬아슬해 오르기가 쉽지가 않았다. 돌계단을 밟고 한참이나 올라와 뒤돌아서서 산 아래로 내려다본다. 가파른 산 절벽 아래로 거대한 위하渭河평원이 까마득히 내려다보인다. 발아래에는 거대한 중국의 숨은 저력이 강물처럼 흐르고 있는 듯했다.

약7천만 년 전에 형성된 화강암 산에서 나오는 기가 느껴지는 것 같았다. 신들이 사는 세상처럼 보이는 것 마다 웅장해 범접할 수 없을 것 같았다. 거대한 토테미즘을 마주보는 것 같아 불현듯 두려움이 느껴지기 시작했다. 중국의 거대한 숨결을 직접 느끼며 화산을 오른다는 자체가 가슴 벅찼다.

중국 4대 명산이요 5대 악산에 속하는 화산. 무협세계의 하나인 화산파 본거지고 도교의 중심지인 서봉을 오르고 있으니 감회가 남다르다. 기가 많이 나오는 돌산이어서 산 능선 곳곳에 도교사원이 눈에 띈다. 특유의 바람이 세게 불고, 눈은 점령군처럼 산 전체에 진을 치고 있었다. 눈으로 치장한 중국 영산을 언제 다시 오르겠나 싶어서 포기 않고 올랐다. 산 오름이 힘겨워 극심한 호흡음을 냈지만 정상은 계속해서 유혹을 했다.

산의 기가 세서 그런지 내린 눈이 녹아 빙판으로 변해 주의를 종용했다. 눈을 치우는 화산관리요원 삽질이 서두르지 않고 바쁜 기색이 없다. 중국인 특유의 만만디 행동으로 등산길에 쌓인 눈을 느리게 치우고 있었다. 특히 산행 도중에 만난 긴 막대 양끝에 짐을 가득싣고 올라오는 짐꾼이 인간한계를 보여주었다. 어깨에 무게중심을 집중해 무거운 짐을 옮기는 저력에 할 말을 잃었다. 산 정상까지 곳곳에 대피소처럼 있는 건물에 식음료를 공급해 주지 싶었다. 산악지대에 사는 중국인의 기이한 삶을 보는 듯 인상 깊었다.

*

그 장구한 시간과 중국역사 흔적을 거슬러 정상을 향해서 힘겹게 올랐다. 좁지만 정비된 등산로를 따라 가파른 계단을 밟아 서봉에 오르기를 2시간. 깎아 지르는 산세가 아찔했다. 임산부가 열 달 동안 산고 아픔을 겪어 출산을 하는 심정으로 산을 올랐다. 끝없이 이어지는 계단을 밟는 것도 이골이 나고 지쳐 왔다. 정상을 목전에 두고 기다리는 동료들 생각해 아쉽게 돌아섰다. 그래도 내장의 힘까지 짜내서 일군 성취였다. 승리는 많이 인내를 한 자의 몫이란 말이 스쳐갔다. 하늘과 통하는 가장 가까운 곳에 선 것으로 만족했다. 영험하게 보이는 연꽃 같은 바위가 격려를 해주는 것 같았다.

사방을 둘러보니 고도를 달리하고 있는 산맥이 엉켜서 마주보고 있었다. 마치 웅비한 산봉우리를 타고 유구한 중국역사의 대하소설을 읽는 듯 했다. 중화민국 흥망성쇠와 영욕으로 점철된 질곡 역사를 읽고 있는 기분이었다. 넓은 중화 대지위에 뿌리를 박고 우뚝 솟은 화산의 저력이었다. 강렬한 기가 나와 영적인 힘을 느꼈다. 어쩌면 그것이 황하문명의 거센 힘이 아닐까도 싶었다. 산맥은 서로 연결 될수록 강해진다는 말이 실감났다.

발길을 반대로 돌려 하산을 시작했다. 가파른 계단과 눈을 밟아 여러 차례 미끄러졌다. 낙상의 위협은 주의를 극도로 환기시켜 주었다. 거대한 화산이 뿜는 기를 받으며 명상에 잠겼다. 내 안에도 기로 가득 채워졌으면 싶었다. 나를 지탱 해주는 기의 저력을 온몸으로 체험할 수 있었다. 기의 힘을 빌렸으니 육신은 힘이 솟고 왠지 자신감이 가득 밀려왔다.

*

두메산골에서 야생으로 자랐던 나는 산에서 뿜어 나오는 기에 민감하다. 산에 있는 바위는 속에 함유돼 있는 광물질이 지자기地磁氣를 뿜어낸다. 인체 내 혈액 속에 광물질이 들어 있어 지자기를 흡수하기 때문에 바위산에 가면 상쾌한 기분이 드는 이유다. 단단한 차돌이나 맥반석 기가 세다.

미국 애리조나 주 세도나에 붉은 바위들이 많아 Vortex라는 세계에서 가장 강력한 기가 발생된다고 한다. 설악산 공룡능선과 울산바위 돌산도 기를 느낄 수 있을 만큼 발생되고 있지만 그에 미치지 못한다.

국내에서 가장 영험한 기도처로 유명한 대구 팔공산 갓바위가 기가 세다. 통일신라시대 때 조성된 갓바위 돌부처가 기도하는 사람들을 모으고 있다. 한반도에 첫 새벽빛장을 여는 독도 바위산도 강한기가 솟아올라 넘실댄다.

*

어렵사리 화산을 내려와 다시 케이블카를 타고 수려한 산수화를 품었다. 웅비하고 영험한 기운을 내뿜던 화산을 내려왔다.

억겁의 세월동안 하늘의 도움을 받아 만들어진 화산이 바라볼수록 놀랍고 경외하다. 어떻게 까마득하게 멀리 보이는 산을 올랐다 내려왔나 싶다. 걸을 때는 몰랐는데 많이 걸었다. 거리만큼 삶을 되돌아보고 성찰했고, 성숙되었지 싶다. 내 몸 안에 기가 침투하여 잡다한 아픔들을 쫓아내고 씻김질을 한듯하다. 거대한 중국의 기를 느낀 화산 산행이어서 감회가 남달랐다. 너무 까마득해 오르기가 불가능할 줄 알았던 산을 정복했으니 더 감회가 깊다. 중년의 나이에 도전을 하기는 쉽지 않지만 성취감은 자신감을 덤으로 받은 기분이다.

돌산은 살이 있는 신비한 기를 모아둔 둥지지 싶다. 비옥한 바위틈에 뿌리를 내리고 자라는 소나무는 바위의 기를 먹고 자란다. 돌산에서 나오는 영험한 기는 신이 내리는 명약이다. 산을 오르는 자만 누릴 수 있는 특혜다. 기가 피의 흐름을 치유함으로써 육신을 맑게 한다니 용기가 용솟음친다.

돌산에서 세찬 기를 받은 탓에 인생 2기를 지배 할 큰 힘을 얻은 것 같다. 중국의 중원인 화산 기를 받았으니 인생 기운이 힘차게 솟구칠 것 같다.

열하일기 현장을 가다

_ 고북구성에서 복고감성을 느끼다

*

흔히들 사람이 걸어간 길에는 덮이고 쌓인 수많은 발자국이 숨어 있다. 연암 박지원이 걸었던 열하일기 발자국을 따라가고 싶었다. 사라지고 지워진 흔적을 음미하려고 열하일기 현장에 가기 위해서 탐방에 올랐다. 열하일기 현장을 따라 중국 땅을 걸어가는 25인의 3박4일이 설레게 했다.

거칠면서도 보석 같은, 원시성 의미가 담긴 240년 전 역사의 길을 걸었다. 중국 실체를 보며, 연암이란 한 실학자의 글발을 떠올리며 발품을 팔았다. 거대한 중국의 자연과 삶과 역사를 아우르는 뫼비우스 띠를 만들며 걸었다.

*

연암 박지원의 저서인 열하일기는 연암집 26권 10책으로 수록 되어있다. 연암이 북경을 거쳐 열하에 머물다 북경에 돌아가며 쓴 빼어난 산문집이다. 그는 개방적인 상상력과 끼를 가진 조선의 한량이었다. 세상을 투시하는 시각이 뛰어나고 이면을 파고 드는 통찰력과 대상에 대한 표현력이 탁월한 열하일기는 지금도 한국문단에서 걸작으로 평가받고 있다.

열하일기는 250명의 조선 외교사절단이 청나라 건륭황제 칠순축하를 위해 1780년 6월 24일 의주 압록강을 건너면서 시작된다. 건륭은 중국의 다민족을 통일했고, 60년간 통치한 청나라 고종황제다. 조선은 중국과 마찰을 피하기 위해 사대외교를 펼쳤다. 청은 융성했고 힘이 약한 조선도 외교사절단을 보내고 조공을 바쳤다. 건륭 칠순축하 사신인 8촌 형의 비공식 수행원에 연암이든 것은 행운이었다. 건륭에게 아첨하러 가는 사절단에 연암이 합류되어 열하일기를 낳았다. 일행이 북경에 당도했으나 건륭황제 칠순잔치가 열하 피서산장으로 바뀐 사실을 알게 되고 74명 선발대를 꾸려 무박 5일간 전속력으로 달렸다. 밤을 새워 걷고 또 걸었고, 말을 타고 220km를 달렸다. 급박하게 이동하는 와중에 연암 박지원은 뛰어난 글발로 열하일기를 썼다. 번창한 청나라 문물을 받아들이고 부국강병의 필요성을 강력히 주장했다. 반청 정서가 깊었던 당시에 일기는 문화충격과 인식변화 파문을 일으켰다.

*

나는 걸으며 사색하며 연암과 그리고 240년 전 역사와 대화를 계속했다. 북경에서 열하로 1시간 넘게 차로 달려와 밀운에서 부터 탐방을 시작했다. 연암은 그때 비를 맞고 밀운을 지나며 하룻밤에 아홉 번이나 강을 건넜다. 그가 건넜던 밀운의 강이 지금은 아시아 최대 인공호수로 변해 있었다. 1960년 9월 인공저수지가 준공되어 연암이 걸었던 옛길은 수몰되었고, 산수가 절경이어서 북경의 관광풍치지구 중 하나로 변했다. 호수주변 경관이 병풍을 쳐놓은 동양화로 다가왔다. 조하와 백하강 물을 모아 만든 푸른 호수는 주변을 도는데 차로 3시간 걸렸다. 소양호의 2배 크기로 관리인원이 670명인 거대한 호수였다. 북경의 식수 80%를 공급하는 호수에는 올망졸망한 섬들이 몸을 담근 채 떠있었다. 금방이라도 뭍으로 뛰쳐나와 그 날의 연암이 겪은 고충을 증언해 줄 것 같은 기세다. 연암이 걸었던 길은 잠겨 안 보이지만 호수는 끝없는 생각을 불러왔다.

'물살이 내달아 만리장성을 부술 기세고 이무기들이 낚아채려고 애쓴다.'는 연암의 글이 강을 건너는 모습이 영화처럼 지나가며 사유를 키워 주었다. 무질서하게 흩어졌던 과거역사가 헤엄치며 호수에 몰려 들었다. 사방이 침묵에 들고 바람소리가 호수에서 찢어졌다. 물귀신에 붙들렸는지 묻지도 않는데 호수가 넓은 품을 열었다. 혼을 빼앗겨 끌려가지 않기 위해 정신일도 하사불성을 외쳤다. 연암이 말을 타고 물이 불어나 거센 강을 건너는 모습을 눈이 푸짐하도록 보여주었다. 독이 잔뜩 오른 햇살이 거대한 호수에 내리 쬐이며 원하는 윤슬을 만들자 연암이 타고 다가왔다. 호수에 침전 되어버린 일야구도하기의 빼어난 글발이 관성처럼 일어났다.

*

중국은 이념과 민족에 금을 그었다. 산맥에 장성을 쌓아 경계를 지었다. 유목민 침입 경로는 고북구를 통해 이루어졌기에 중요 길목을 통제하고 적의 침공을 막기 위해서 성을 쌓았다. 장성은 중화한족과 유목문화권 사이의 경계역할을 했다. 마치 중국 칸막이 문화유래를 현지에서 보는 듯했다. 장성이 원시모습 그대로 있고, 구불구불한 용의 모습 같은 반룡산장성에 올랐다. 버스가 좁은 농로를 아스라하게 통과했다. 만주족 전통가옥이 인상 깊었다. 좁은 계곡을 지나 만주족의 민속놀이를 조형화 한 설치물을 지나 걸었다. 나무계단 통로를 설치 한 것으로 보아서 관광객들이 뜸하게 오는 듯했다. 만리장성 축조과정을 재현한 조형물을 지났다. 계곡이 끝나고 산언덕에 오르자 반룡산장성이 나왔다. 유일하게 보존된 명나라 장성으로 유네스코에 의하여 원시장성으로 평가되고 세계문화유산에 등재되었다. 무너진 산성은 마을에서 관리하고 있다고 한다. 성이 지나가는 중간에 휴게소인 망루가 세월의 흔적을 보여준다. 세상 다하는 날까지 누군가를 기다리고 있는 듯 침묵을 삼키며 찾아온 나그네에게 시원한 산바람을 선사했다. 능선 따라 무너진 흙성은 세월 덧옷을 입고 자연으로 돌아가고 있었다. 낡을 대로 낡아 인공성이 아닌 산 능선이 되어 매력을 더해 주고 있었다. 동쪽으로 사마대장성,

서쪽으로 금산령장성이 어깨를 나란히 하고 반긴다. 보이는 곳마다 꿈틀대며 이어지는 성벽에 죽은 원혼들이 서성이는 듯하다. 성은 눈을 감고 귀를 닫은 채 역사에서 밀려난 신세다. 천년을 건너온 역사를 지니고 있다. 보수를 하지 않아 소박하고 원시적인 모습을 유지해 원래의 장성으로 불린다. 지혜가 켜켜이 쌓여 신화로 포장 되어 있지 싶다. 무너진 성은 천년세월을 보듬고 있다. 따가운 햇살이 정수리를 찌른다. 성의 깊은 역사가 길게 파장을 일으킨다. 원시장성은 무너져 소멸되고 있었다. 나지막한 구름이 아슴아슴 펼쳐있는 옛 산성은 신의 모습을 하고 있었다.

반룡산장성을 내려와 고북구산성 관문으로 향했다. 오래된 다리와 고어도 문이 처연하게 지키고 있었다. 열하로 가기 위해 이곳을 지나간 길이고, 청나라 황제 북방순행 길이기도 했다. 임금이 탄 어가가 지나간 마을이 관광지로 잘 정비되어 있어 중국인의 살아가는 모습 한 면을 엿보는 듯했다. 관문은 걸어서 넘어갈 수 있었으나 관광버스로 우회했다.

고북구진 앞을 흐르는 강과 어우러져 아름다운 경관이었다. 관문은 견고한 옹성형태로 낡아 있다. 옹성내부가 넓어 남아있는 흔적이 뚜렷하다. 밭으로 사용되고 있는 옹성 안에서 서북쪽 방향으로 나가는 두 번째 문 흔적이 남아있다. 산모퉁이 외곽을 감싸고 있던 성벽은 허물어져 버렸다.

*

야출고북구기는 여름날 북경에서 출발해 열하에 제시간에 도착하기 위해 급히 달려, 삼경에 고북구에 머물며 소회를 적은 열하일기 중에 하나이다. 연암은 이질문화에 필담을 던지고 사고의 공간을 만들어서 일기로 남겼다. 삼경에 물대신 술로 먹을 갈아 장성 벽에 기록을 남겼던 '기해년 팔월십팔일 조선의 연암이 이곳을 지나다' 흔적은 성곽이 무너져 볼 수가 없었다.

조하강 흐르는 하동촌 마을의 풍경이 멋있다. 장이 열리고, 일제 때 군사 주둔과 술집이 있었음을 가이드가 알려준다. 강물에 산 그림자를 드리운 톱날 같은 산봉우리는 침묵을 지속하고 말문을 열 생각을 하지 않는다.

240년 전으로 돌아가 본 복고감성이 가득했던 탐방과 순례의 길을 걸었다. 낡아 허물어지고 지워진, 신화로 포장된 고북구성이 복고감성을 불러왔다.

변화와 열린 이용후생을 외친 실학자 연암을 만난 것은 여행의 별미였다. 글을 쓰는 후예 작가에게 연암은 커다란 용기를 북돋아 주었다. 문물을 투시하는 안목이 빼어났고, 날선 문장의 열하일기가 걸작인 이유를 배웠다. 여행은 나를 돌아본 성찰이었고 현실을 이겨 낼 에너지를 얻는 기회였다. 현실을 이겨낼 지혜와 생각의 근육을 키워준 알찬 순례였다.

고북구성을 빠져나와 건륭의 칠순잔치가 열렸던 피서산장으로 향했다.

오대산 눈길을 걷다

*

눈길을 걷기 위해서 동해안 7번 국도를 버스로 타고 오대산으로 향했다. 봉우리 사이사이에 5개의 평평한 대지로 둘러싸여 있어 오대산이라 부른다. 신종 코로나바이러스 감염의 위협에도 굴하지 않고 목적지를 향해 달린다. 동해안 대설주의보도 접을 만큼 고승들이 설법했던 상원사가 유혹했기 때문이다. 우아한 산과 울창한 나뭇가지에 차려놓은 설경의 유혹을 뿌리칠 수 없었다.

안태고향 울진을 경유하며 밤새 내린 눈으로 덮인 환상의 세상을 만났다. 눈의 세상이 얼마나 아름답고 황홀했으면 몇 번이고 감탄사를 연발했을까. 놀랍고 신비롭고 경이해 신의 창조물이지 싶다. 볼수록 매혹적인 설경이다. 눈에 한이 맺힌 유년이 떠오른다. 호롱불 꺼진 두메산골 밤에 달빛을 타고 내려와 누리를 치장했던 그 설경이다. 허리까지 수북이 쌓인 눈에 고립되어 눈이 녹기까지 꼼짝없이 집안에 갇혀서 지냈던 추억이 눈 위에 겹친다.

*

버스 창밖에 순백으로 펼쳐진 극치의 설경을 욕심껏 즐기며 호강을 한다. 설경이 아름다운 것은 흰 눈이 아니라 나뭇가지에 기막히게 피어난 눈꽃이 절경을 선보이기 때문이다. 하늘의 특사 앞에 나무들이 고개를 조아린다. 눈이 무거운지 가지가 휘어져서 부끄러운 과거를 고백할 것 같이 서있다. 설경은 초대형 화면으로 그것도 생방송으로 중계되고 나는 시청하고 있다. 눈꽃은 눈부신 형용과 고상한 수사로 된 언어를 구사하며 해설도 곁들인다. 절묘한 풍경이 나타나 엉덩이에 흥을 일으키고 몸은 무희를 종용 한다. 감흥은 날선 사유를 불러오고, 정제된 문장을 만들어 글짓기를 유인 한다. 신의 솜씨로 빚은 순수여서 글짓기를 하면 예술의 경지를 초월할 것이다. 희어서 더 순백한 설경. 편린이 빠져나기고 마음까지 순백을 채워 놓는다. 천상에서 내려온 환상의 설경이 무아지경에 빠져들게 한다.

동해안 일부지역에만 내렸던 눈 세상이라 생방송은 짧은 상영으로 끝났다. 비록 짧았지만 가장 돋보인 설경의 환희에 취해서 한동안 감흥에 젖었다. 스러져 멀한 겨울 민둥산이 창밖에 펼쳐진다. 설경과 민둥산 두 경계에서 실루엣이 뚜렷하게 나타난다. 경계를 오가며 겨울 멋을 즐긴다.

*

1,566m 오대산 비로봉에 올라, 상왕봉을 넘으며 눈 세상을 거닐 참이다. 산속을 걷는 것은 자아에 몰입하는 시간이다. 숨소리와 오감에 집중해 나를 다독이는 시간이기도 하다. 바쁨을 이유로 관심을 게을리 했던 정서를 장엄한 대자연에서 치유하며, 산을 오르는 목적을 성취할 생각이다.

상원사, 중대사자암, 적멸보궁 사찰을 이어서 걸으며 깊은 불심에 젖는다. 그 옛날 승려들이 구도하며 걸었던 이 길이 눈으로 덮여 운치를 더해준다. 길섶 석조 오디오에서 나오는 불경소리가 산자락을 감싸며 길을 재촉한다. 마음의 흔들림과 번뇌가 없는 보배로운 궁전인 적멸보궁이 길을 막아선다. 머나먼 인도에서 이곳까지 부처님 진신사리를 가져와 모신 이유가 궁금하다. 부처님 앞에서 성냄과 어리석음, 괴로움과 욕심이 만든 번뇌를 소거 해본다.

삼재가 없다는 웅비한 오대산이 백설의 눈으로 덮여 눈부시다. 온 산에 눈이 쌓여 길은 걷기 어렵다. 고행을 통해 정신을 씻김질 한다. 고갯길이 콧등에 닿을 듯 가파르고, 칼바람소리가 매섭게 귓등에 부딪힌다. 눈이 발목까지 빠져 걸음을 방해한다. 걸음이 느릴수록 설경의 진면모를 보며 걷을 수 있다. 걸어온 길 아래 풍경이 평화롭게 보이고 신비하다.

*

온 산을 덮은 눈 세상을 만들었다. 군림하되 결코 만용을 부리지 않았다. 살아있는 뭇 생명체는 눈을 견뎌낼 준비를 끝내고 침묵에 들었나보다. 하늘의 계시인가. 나뭇가지는 하늘을 향하고 햇살에 빛나서 장관이다. 틔운 떨켜를 감싸고 있는 나뭇가지의 모성애가 과히 감동적이다.

상원사 구렁이가 나타난 건지 구불구불 이어지는 나무줄기의 형상이 신령하게 느껴진다. 묵직한 눈을 인 나뭇가지가 고통을 안고 침묵에 들어있다. 바위들도 절망을 잊은 듯 해탈을 한 부처가 들어 있다. 눈으로 치장된 산은 곳곳에 여백을 남겨 동양화다. 여백에 유려한 명문을 창작해 채운다. 눈을 이고 있는 소나무며, 무릎까지 잠긴 나무들이 한바탕 축제를 벌인다. 눈꽃을 확 피운 아름드리 전나무와 잣나무가 줄기를 뻗어 큰북을 친다. 하늘의 은하수를 당겨와 상고대를 주렁주렁 달고 소프라노로 노래 부른다. 구름은 산 능선의 곡선을 넘나들며 정선아리랑 타령한 곡조를 열창한다. 까치는 외출 중인지 보이지 않는다. 검은 까마귀가 슬픈 전설을 노래한다. 상원사에 얽힌 꿩과 구렁이 이야기를 전설로 포장된 눈 위에 깔아 놓는다. 눈발을 흩날리게 하는 칼바람이 소고춤을 추며 고삐 풀린 말처럼 날뛴다. 눈을 업고서 영험한 주목도 하늘을 향한 가지를 나폴 거리며 춤을 춘다.

*

가파른 산을 오르고 내리기를 여러 번. 비로봉 정상에 오르니 장엄하다. 봉우리마다 고개를 조아리는 정상은 고개를 조아리고 천상천하 유아독존의 권력을 누린다. 밀가루를 뿌려 놓은 듯 티 없는 순백의 눈 속을 본격적으로 걸어가야 한다. 산골짜기에 노루가 도망치던 기억이 떠올라 걸음을 멈춰 풍경에 젖어본다.

뭉쳐지지 않는 파삭파삭한 눈덩이 발에 밟히는 소리가 경쾌하게 들려온다. 지나온 길을 뒤돌아본다. 4시간, 많이도 걸었다. 비로봉과 상왕봉을 정복했으니 다리가 아파 온다. 여태껏 살아온 삶의 여정을 길에 남긴 듯하다. 앞만 보며 걸으며 고민과 잡념들을 하나씩 들춰내어 눈 위에 내려놓는다. 사람들이 많이 다니지 않은 길로 걸었다. 무심히 길을 걷다보면 어느 순간 걸어온 길을 돌아보게 한다. 인생에 대해 현재를 생각하고 미래의 길을 조명해 보는 시간이다. 내가 걸은 길도 있지만 대부분 앞선 사람들이 남긴 발자국, 이동의 궤적을 따라 걷는 것이다. 홀로 걷는 길은 위험하고 두려움이 존재한다. 침묵마저 공포로 느껴질 때가 있다. 자연에 순응하기 위해 두렵고 외로운 길을 걷는다. 두려움을 쫓기 위해 저벅저벅 걸어가는 것이다. 눈 덮인 산을 걸을 때는 이리저리 걷지 말아야 한다. 내 발자국이 뒷사람이정표가 되기 때문이다. 힘들고 희생하는 길이라도 올곧게 가야한다. 움푹 파인 발자국을 눈에 남기고 나니 마음이 비틀어진 듯 뒤숭숭하다.

폭설이 내려 발이 폭폭 빠진다. 양말 안에 차가운 눈이 파고들어 시리다. 발자국을 밟고 내딛어야하기에 균형을 잃으면 넘어진다. 몇 번이고 휘청거려 넘어졌다. 차가운 눈 속에 온몸이 곤두박질쳐져서 깊이 박히기도 했다. 녹은 눈길이 빠르게 미끄러워지기 시작한다. 눈은 속에서부터 녹는다. 차가운 바람은 여전하다. 눈에 반사된 가시광선이 얼굴에 화상을 입힌다.

*

눈으로 죄다 덮은 길이 험준하고 위험하다. 침묵하는 낭떠러지 아래를 보면 정신이 짜릿하고 겁부터 난다. 위험을 피하기 위해 길옆에 서있는 나무 등걸을 잡는다. 마모된 나무 등걸에 미끈미끈한 감촉이 느껴진다. 어쩌면 세파에 마모된 내 자아도 나무 등걸처럼 미끈하게 닮았을 것이다. 세파에 닳아 마모 된 내 자아를 치유하기 위해 마음속에 눈을 채워 넣었다. 너무나 순수한 눈에 내 참모습을 감출 수가 없어 허상을 눈밭에 쏟아냈다. 돌보지 않아서 그을려진 양심도 설렁설렁 눈꽃에 헹궜다. 영롱한 눈꽃을 내 안에 끌어들여 들끓던 잡귀와 잡념을 퇴마의식 하듯이 몰아냈다.

시간이 지나고 나면 눈은 녹아 질퍽해지고, 길은 험하고 얼룩질 것이다. 내 인생도 그렇게 되지 싫다. 들뜬 감흥을 가라앉히고 일상으로 돌아갔다. 살면서 눈길도 만날 것이다. 때로는 눈길을 걸으며 한량이처럼 낭만을 즐길 것이다. 황홀한 실경에 꽂히는 영감과 통찰력으로 글을 쓸 것이다.

걸어 온 산을 뒤돌아본다. 까마득한 저 산은 넘어야할 내 인생의 산이다. 오늘처럼 눈길을 저벅저벅 걸으며 인생삼락을 기꺼이 즐길 참이다.

자기유배를 떠나다

*

나를 벌주기 위해 조선 제1의 유배지였던 제주로 유배流配를 떠났다. 일그러진 1기 인생을 성찰해 2기 인생에 윤활유를 치고 싶었기 때문이다. 1기 인생에 무성의했고 최선을 다하지 않은 나를 벌주고 싶었다. 나다운 시간을 누리지 못하고 탁란의 삶을 살아 헛헛하고 쓸쓸했다. 시련과 역경이 닥쳤을 때 나를 쇄신할 혁신기회를 놓치고 도망쳤다. 인생의 배를 안전한 항구에 너무 오래 머물러 있게 했다. 배가 험난한 파도를 헤치며 출항해야 한다는 본분을 잊은 채 황금의 세월을 허비했다.

철 들기 시작해 지나간 삶을 죄악시하고 한탄해 본들 오히려 비참했다.

문학을 한답시고 형상화는 물론 날선 사유도 못한 나를 단죄

하기로 했다. 한 번도 인생 단막극 주연으로 살아가지 못한 인생유기를 벌 받고 싶었다. 통렬한 반성과, 삶과 문학을 창작하기 위해 자기유배를 떠나기로 했다. 나를 변화시키는 사색과 힘은 유배에서 나온다는 잠언을 믿기로 했다. 자기성찰은 절대고독에서 승화시키는 것이라 믿고 그렇게 떠났다. 늦기 전에 인생을 제대로 누리지 못한 죄로 떠났다.

울산에서 350km 떨어진 제주에서 며칠 기거 하며 내 진면모를 찾고 싶었다. 고독하고 고립 되었던 최고 유배지에서 죄인들의 삶을 탐닉하고 싶었다. 어디론가 떠나고 싶었던 사춘기 반항이 재발동한 것이라 변명해도 좋다. 떠난다는 것은 편리함을 버리고 그 곳에서 새 자아를 발견하는 일이다. 유배는 낯선 곳에서 익숙함을 벗고 새 자아를 발견하는 일이 아닌가.

*

제주국립박물관 유배 땅에서 가혹했던 시간을 보낸 애환을 읽었다. 징벌당하고 유배됐어도 덤덤하게 붓으로 창작해 낸 유배문화를 읽었다. 왕이었지만 유배를 온 광해군의 국보급 일기를 비롯해 김정의 충암집, 송시열 초상화와 글씨, 의병장 최익현 초상, 정치가 박영효 글씨, 제주의 마지막 유배인 승훈의 재판기록을 읽으며 유배의 참 의의를 음미했다. 3대가 제주에 유배 온 가문, 정조 시해사건에 연루된 조정철 초상화와 문집, 조정철과 제주 여인 홍윤애의 사랑 이야기가 감동적이었다.

눈을 감고 제주유배 역사를 음미했다. 당쟁으로 얼룩진 시대

유물. 반대파를 탄압하고 정권을 유지하기 위한 수단으로 유배가 사용되었다. 적폐와 암투와 통한과 증오를 내포하고 있는 단어가 유배가 아닌가. 권력다툼에서 패배하면 비정한 죽음 아니면 유배라는 올무가 씌워졌다.

제주는 약 300여명이 온 조선 제1의 유배지였다고 역사는 기록하고 있다. 한때 200년 간 출륙 금지령 내려졌던 섬은 단절되고 고립된 곳이었노라고. 떠나고 싶어도 떠날 수 없었던 애증의 공간이었다고 기록하고 있다. 역사적으로 제주도는 불안과 상실감을 주는 절대적인 고독의 땅이었다. 언제 살아서 돌아갈지 모르는 땅이었고. 토속신앙이 가득한 이질적인 곳. 학식이 있는 유배인은 제주사람들이 새로운 학문을 배울 기회이기도 했다. 유배를 온 사람들은 양반 죄인이었다. 그들은 돌아갈 날을 학수고대하며 내면을 훈육하는데 보냈다. 권력을 빼앗긴 분을 삭이며 열병을 앓았다. 고독과 처참한 유배생활에서 자신을 성찰하고 돌아보고 학문에 정진했다. 죽음과 삶의 굴곡진 역사에서 권력의 싸움에서 패배해 꿈과 이상을 접은 사대부들은 비록 몸은 유배당했지만 마음까지는 결코 유배되지 않았다.

유배인은 장무상망長毋想忘의 외로운 땅에서 학문과 예술을 꽃피웠다. 울분을 잊기 위해 엄한 구도의 자세로 수련하며 불후의 역작을 일구어 냈다. 정약용은 18년간 강진 유배지에서 목민심서 등 500권 저서를 완성했다. 호롱불 아래서 복숭아뼈에 세 번 구멍이 날정도로 집필에 전념했다 했다. 단테 신곡은 떠나 있었던

20년간 고뇌이자 깨달음을 내용으로 하고 있다. 세르반테스가 쓴 걸작 돈키호테도 혹독한 감옥살이에서 창작한 것이다. 고독이란 환경에서 탄생된 예술이 걸작을 낳았다는 생각이 얼핏 들었다.

*

내가 배속한 유배지는 제주공항에서 멀지 않은 애월의 한적한 펜션이었다. 한라산이 가로 막고 있고, 제주의 기화요초들이 들숨 날숨 바람과 대화를 주고받고 있는 한적한 유배지였다. 눈앞에 바다가 펼쳐져 있고 물 냄새가 물씬 날아왔다. 코로 읽는 흙냄새가 엉성하게 쌓아 올린 돌담을 뚫었다. 자연의 침묵은 숭엄하게 좌선을 실천하고 있는 나를 격려했다.

동으로 서로 남쪽으로 유배지를 찾아 승용차로 달리고 발품을 팔았다. 곁눈으로 흘깃흘깃 바다를 바라보며 모른 채 하며 걸었다. 울창한 숲을 걸으며 사색을 했다. 368개 오름 중 몇 군데를 오르고 유랑을 했다. 자유란 억압되지 않고 마음이 닿는 대로 느끼며 천천히 걷는 일이 아닐까. 그 옛날 유배 온 양반들도 나처럼 고독을 씹고 한 숨을 돌렸을 것이다. 그들이 고독과 아픔을 이겨내며 지낸 애환을 제주는 모두 알고 있으리라. 멀리 가까이에 보이는 풍경이 너무 평온해서 더 외로운 것인지도 모른다. 옛날 유배인은 오름에 올라 낮달을 바라보고 수평선을 바라보며 향수에 겨워 눈물을 흘렸을 아름다운 제주에서 슬픔과 아픔을 읽었다.

잠시 신이었던 신비한 주상절리 오묘함이 매혹적인 감회를 자아내게 했다. 자연의 득음이 안정을 유인하고 삶의 깊은 잠언을 들려주기 시작했다. 풍경화가 조용히 내려앉으면 가슴은 상승하듯 뛰기 시작했다. 용의 뱃속 같은 바다에서 보물을 캐는 해녀에서 제주의 저력을 읽었다. 태왁에 기댄 채 숨비소리를 내는 해녀가 제주의 아이콘으로 보였다. 박물관, 테마공원, 미술관과 유적지, 갤러리와 올레길을 휘적휘적 걸었다. 제주를 한 바퀴 돌며 구석구석 숨어있는 관람구역을 거의 다 들렀다. 왔던 길을 뒤돌아서면 아마득한 길. 유배인들을 음미하며, 남긴 발자국을 상상하며 순례와 유랑을 했다. 그들도 세월이 흐르는 소리를 들으며 느리게 걸어 깊은 성찰로 붓을 들어 발자취를 남겼다.

*

제주를 일주 했다. 복잡하고 혼탁한 생각에서 벗어났다. 풍경을 볼 때마다 유배를 음미하고, 내 삶을 되돌아보고 성찰했다. 길의 끝이 어디인지는 몰라도 내 정서는 찰지고 성숙했겠지만 목표한 경지에 오르지 못했다. 깨달은 것은 풍경과 유배인과 나의 보이지 않는 가치를 찾아내는 안목을 키운 것이란 생각이 들었다. 참선과 성찰의 자기유배 시간이 흘러갔다.

여러 날이 지나자 풍경이 푼더분하게 여겨지면서 향수가 밀려왔다. 치열하게 살았던 반백의 1기 인생이 고독과 겹쳤다. 이제는 치우친 고집과 습관을 고치고, 정서를 기름지우기로 결심했다. 어색하고 불편한 경계를 넘어야 생각과 행동이 교정되는 법이다. 미래의 맑은 영혼을 찾아 나선 순례자가 되어 낯선 길을 걸었다. 살아 갈 날 만큼 내 마음도 성숙되고 철이 들어 갈 것이다. 나를 반추해 본 유배가 큰 마중물이 되리라 믿었다.

*

잠시 유배지라는 변방 유랑이 역외감, 경계인이란 말이 실감나게 했다. 배우고 깨우치는 자기유배 체험을 통해 통렬한 삶의 목표를 설정했다. 솜털을 벗은 독수리처럼 중력을 거슬러 올라갈 날개를 단 기분이었다. 고독한 유배지를 돌면서 바쁘게 살며 지친 기운이 치유된 듯 가벼워졌다. 유배지는 나를 보듬으며 쉽게 무너지지 않을 묵직한 지혜를 심어 주었다. 천혜의 자연을 품을 수 있는 시간은 제주가 준 최고의 선물이었다. 화산석 같이 척박하고 구멍이 숭숭 뚫린 내 마음을 단단하게 빚어준 자기유배였다. 유배지를 거닐며 명리를 벗고 야인이 되어 내 자아를 볼 수 있게 했다. 천혜의 풍경이 있는 유배지를 걸으며 오랜만에 본연의 나로 지냈다.

한 번쯤 자신을 유배시켜 마디를 만들고 전환점을 꾀할 필요성을 느꼈다. 나민의 앵글로 건강한 삶의 도구를 만들며 인생 2막을 즐기기로 했다.

전설을 연결한 선유도

*

보고 또 봐도 절세미인이 누워있다. 어설픈 미소를 지으며 요염하게 누운 여인이 뭇 남성들을 유혹한다. 생각의 근육을 키워보면 보일 듯 말 듯 겸손하고 속정을 베풀 법한 여인의 아름다움에 끌려가는 본능이 인다. 유상곡수流觴曲水 풍류를 즐기며 마신 술잔을 듬성듬성 엎어 놓은 섬들을 거느리는 미인이 누워있는 선유도다. 얼마나 경치가 아름다운 섬이었으면 신선이 놀았다는 전설을 만들어 이름까지 작명을 했을까. 무역항이자 해군기지였던, 절세미인이 사는 천혜 선유도가 유혹한다.

*

봄이 창궐한 날, 울산수필가협회 문우들이 선유도 문학기행을 떠났다. 고군산군도 63개 섬을 거느린 선유도다. 발을 묶어두고 엉덩이 힘으로 버티며 달리는 버스에 몸을 싣고 떠나는 남도 기행은 흥겨운 고행이었다. 모름지기 여행은 먹는 게 남는 법. 풍족한 먹거리로 피로감이 반감된다. 수액처럼 에너지를 몸에 넣자 마음을 사로잡는 웃음꽃이 저절로 피어난다. 저마다 우아한 옷고름 풀어 수필처럼 소개와 인사로 만남의 인연을 꿰었다. 푸른색 벌판에 종횡으로 이양 된 벼가 푼더분하게 앉아 있어 목가적이다. 산이 뒤에서 지켜보는 고을마다 소박하고 눈부신 서사시로 보이는 남도. 초대형 천연색 화면이 남도 길 따라 신비한 멋과 맛을 은유로 풀어낸다.

*

일제 잔재가 남아있는 동국사에 들렀다. 대웅전이 일본식 사찰임을 알게 해준다. 사각형과 삼각형 어우러진 8자형 지붕이다. 대웅전과 승려들이 사는 요사체가 긴 복도로 연결되어 이색적이다. 일본식 사찰인 동국사는 실권자 도구요 조세징수 장소로 활용되었다 했다. 일제강점기 일본인 지주에게 절반이 넘게 소작료를 징수하는 장소다. 해방과 더불어 미군정을 거처 한국에 넘어오며 동국사라 개명했다. 조계종 선운사 말사로 지정 했으며 국내 유일 일본식 사찰로 남아있다. 100년이 넘은 8각 지붕 범종각이 고즈넉하게 서서 당시를 회상하게 한다. 몸통이 없는 용머리가 종에 새겨져 있고 비천상도 없어 일본을 읽게 한다. 절 곳곳에 100년 지난 일제 흔적이 남아있어 한일 경계를 짓고 있다. 종각 옆 소녀상이 바다를 대신하는 연못을 바라보고 있어 아이러니하다. 절 뒤에 대나무가 민족의 절개를 보여주며 역사의 아픈 상처를 위로하며 달래주고 있다.

*

가는 도중에 본 암수로 솟구친 685m, 680m 마이산 봉우리가 위용을 준다. 말의 귀 같기도 하고 쌍돛대와 먹물을 적신 붓 형상으로 보여 현혹 된다.

세계최대 길이 34km인 새만금 방조제가 안개를 입고 생생하게 드러난다. 3조원 들여 19년 만에 준공한 방조제는 전설의 스토리가 남아있을 거다.

차창 창밖에는 갓 잠에서 깨어난 섬과 섬을 연결하는 대교가 웅비하다. 조류가 물을 밀고 빠져나가 허물을 벗은 서해바다. 갯벌위로 정오의 찬연한 햇살이 쏟아져 금빛 장관을 만들어 가고 있다. 밀물을 틈타 둥지를 일탈한 바다 생명들이 꿈틀거리는 갯벌풍광이 감흥을 일으킨다. 건들마 한 줄금에 휘둘리는 연약한 파도가 신비를 주는 바다를 만났다.

긴 달림이 끝나고, 옥도면 선유도 땅에 당도해 버스로 투어를 시작한다. 호수처럼 잔잔한 바닷길을 걸었다. 섬을 걸으며 숨은 속살을 들여다본다. 드러나지 않는 섬의 아름다움을 만끽하며 넉넉한 상춘을 즐긴다. 코를 진동하는 바다냄새가 동경을 자극한다. 끝없이 펼쳐지는 올망졸망 자리를 잡은 섬이 샤먼을 몰고 온다. 섬마다 눈부시게 아름다운 전설로 포장되어 있다. 고군산군도 63개 섬들이 다가와 애틋한 사랑과 신비한 전설을 들려주며 은유로 풀어쓰는 깜짝 시인이 되게 한다. 섬은 바다를 품어 수줍은 색시처럼 은밀한 비경을 설핏 드러낸다. 억겁 세월 누군가를 기다리다 그리움에 주름살이 주상절리로 굳은 바위. 그리움도 자극하면 착시현상을 일으키나 보다. 수줍은 색시처럼 파도에 몸을 감추는 해변풍경이 가관이다. 순간마다 거뭇한 침묵이 파도에 실려 간다. 제 모습을 드러낸 섬들이 몸을 바다에 반쯤 담근 채 기도하는 모습이 아름답다. 애기처럼 잠자는 섬들이 은빛 요패처럼 햇살에 반짝이며 관심을 끌게 한다. 섬은 침묵을 만드는 둥지다.

*

젓갈 냄새가 훅 끼치는 마을을 걸었다. 옷고름을 풀어버린 봄이 쇄도한다. 포장마차에 자연산 홍합, 낙지, 꼬막, 바지락, 게 등이 손님을 기다린다. 살아 움직이고 있어 싱싱한 해산물을 안주 삼아 막걸리 한 사발을 들이켰다. 바다를 그대로 마신 탓인지 미각이 온몸으로 전해온다. 짜릿한 섬 맛이다. 이 섬에 사는 사람들의 넉넉하고 소박한 온기를 체험했다. 상큼하게 느껴지는 해산물 끓인 국물 맛이 여행의 감흥을 한껏 보듬는다. 짭짤하고 알싸한 바다 맛이 입안을 현혹한 건지 바다와 아름다운 섬 풍경과, 막걸리에 이끌리어 흥겨운 해일이 일어난다.

근자에 올랐던 높은 장군봉이 지척에 보이고 할매바위가 눈길을 유혹한다. 장자도는 16가구가 살지만 8명 판사를 배출한 유명세 마을이라 했다.

*

해안에 모래가 퇴적되어 섬 셋을 하나로 이룬 명사십리해수욕장에 섰다. 신선을 본뜬 마스코트상 위로 떨어지는 햇살이 청승맞게 어깃장을 놓는다. 바닷물이 밀려난 갯벌과 고운 모래톱이 아름다운 동양화 한 편을 그린다. 풍경에 잠긴 넓은 세상에 서면 작아지는 나를 발견할 수 있어서 다행이다.

유배된 충신이 봉우리에 올라 임금을 그리워했다는 망주봉이 앞에 놓였다. 암수 망주봉이 마치 부부처럼 서 있어 선유도의 이정표라 해도 좋지 싶다. 바위를 타고 흘러내렸던 폭포수 흔적이 신기하게도 상흔처럼 남아 있다. 천고지 정상에 만년설이 녹아 날개처럼 떨어지는 네덜란드 폭포를 닮았다.

소나무군락이 있는 마을은 조선 시대 유배지였다니 섬 역사가 흥미를 끈다. 고려조 때는 여송 무역 기항지였고, 왜구를 막는 최무선 진포해전 기지였다. 조선 수군의 본부 기지였고, 임진왜란 때는 함전정박 기지의 해상 요지였다. 이순신 장군이 명량해전 승리 후 열하루 동안 머물며 전열을 재정비했던 치유의 선유도. 전략적 군사요충지요 무역항인 역사를 읽었다. 지척에 12개의 산이 방파제 되어 모진 파도를 막아 선유도를 지키고 있다. 봉우리끼리 빨랫줄을 설치해 놓고 세태에 젖은 내 마음을 말리고 싶었다.

*

점심을 위해 선유도 안쪽마을로 향했다. 비린내가 창궐하고 있는 어촌이다. 옛날 홀대받았던 마을에 얽힌 애틋한 이야기와 전설을 들려주고 있다. 전형적인 어촌마을 삶을 읽었다. 두 손으로 기도하는 등대가 인상적이다. 삶의 현장을 읽게 한 선유도 풍광이 깊은 사유를 관성처럼 일어나게 한다. 파도 낭창대는 바다와 섬 이야기를 그대로 옮겨 적기만 하면 수필이 된다. 꽃의 숭어리 입에서 피어나는 향내 맡으며 발소리 죽여 가며 길을 걷는다. 신이었던 섬들이 환희를 준다. 생각근육을 키웠고 내면이 성장한 느낌이다. 섬과 섬을 전설과 신화로 엮어 주는 선유도 봄은 막 꽃이 피어나고 있다. 망주봉과 마을을 빙 돌아 다시 해수욕장으로 나왔다. 약 2km 명사십리해수욕장 모래를 밟으며 밀려오는 파도의 지느러미를 만진다. 낙조가 유명한 해수욕장 앞 바다를 빨랫줄 치듯 질러 길이 700m 짚라인이 쉼 없이 움직인다.

깊은 사색에 젖어 섬을 횡단했다. 누워있는 절세미인 선유봉과 대화를 나누고, 역설적인 전설을 음미하며 유람을 끝냈다. 몸만 나들이가 아니었다. 마음을 송두리째 앗아간 선유도 유혹에 문학의 옷을 입힌 나들이였다.

천상에 비친 달빛

*

인도네시아에서 의류 사업 하는 초등학교 때 친구 초청으로 비행기를 탔다. 성공한 친구의 회사 창립기념일 축하를 위해 떠나지만 여행을 겸했다. 해가 질 무렵이라 황홀한 석양이 인천공항을 이륙하는 나를 환송해 준다. 태양이 서쪽으로 기울면서 현란한 노을이 극치를 보여준다. 영혼마저 앗아 갈 것 같은 노을은 아마도 신이 그려 놓은 단청이지 싶다.

광활한 우주의 화판에 그려놓은 불후명작 노을이 가뭇없이 사위어 간다. 인간이 낼 수 있는 최고 감동을 초월해 신령한 영감을 느끼게 한다. 멍든 마음의 찌꺼기마저도 노을의 매혹에 현혹되어 눈이 녹듯이 사라진다. 내 삶의 속 뜰에 있던 허상의 거짓과 그을린 양심마저도 설렁설렁 헹군다. 세상에 영원불멸은 없다며 시간의 지느러미를 타고 노을이 차츰 퇴색되고 있다. 저무는 내 인생도 화려한 시간을 내려놓은 노을처럼 퇴색되어 가고 있다.

*

인생에서 가장 아름다운 날, 살아보지 않는 세상에서 극한 멋을 누린다. 신이 사는 천상에서 본 황홀함이 아무런 허락도 없이 내 안에 들어앉는다. 천상도 그렇고 나 역시 아름다움의 가치를 추구하며 살고 있는지 모른다.

구름 사이로 까마득하게 내려다보이는 지상의 풍경이 수묵화로 투영된다. 지상의 온갖 시끄러운 소음이 신성한 우주까지 공명으로 들려오는 듯하다. 파란과 곡절을 겪으며 피 터지는 싸움에서 살아남기 위해 몸부림치던 지상의 아비규환이 느린 영상으로 천상으로 소환된다. 하지만 속세는 작은 섬처럼 시야에 들어온다. 바다를 오가는 선박의 불빛이 보일 뿐이다.

노을이 져버린 상공에는 독백하는 별과 희붐한 달이 떠오르기 시작한다. 지상에서 본 그대로다. 우주 빛이 달 표면에 반사되어 생성된 달빛이 천상을 지배하고 있다. 신들이 사는 천상을 밝히기 위해 달빛을 비추는 것이다. 아무 참견과 방해받지 않고 달이 빛을 밝힌 천상의 밤은 참으로 아름답다. 결코 거짓과 위선으로 치장을 하지 않는다. 순결한 달빛은 내 안의 올곧지 못한 번민을 씻음질 하여 초연한 본성을 찾게 해준다.

가식이 없는 은은한 달빛이 아무런 말도 없이 내 마음에 비집고 들어온다. 아름다운 인생을 강론해 주고, 나다운 참한 삶을 누려보라고 타일러 준다.

상층권을 지나자 엔진소리가 소스라치며 인생 강론의 무드를 삼켜버린다. 이내 평정을 찾은 창공은 달빛이 들려주는 천상의 이야기에 빠져든다.

*

바람기로 가득 차 보이는 먹구름이 현란한 몸짓으로 달을 유혹하고 있다. 달빛은 눈을 감고 구름의 포옹에 귀를 닫는다. 상공에도 연애 감정은 존재하는지 외로운 군상끼리 만나나 보다. 정다운 정념을 나누며 몸을 떨고 있다. 군상들의 무리에서 밀려난 내가 고독하다. 아직도 식지 않은 정열이 내게 남아 있는 것인가. 달나라 천사에게 순애보를 보냈다. 새끼손가락을 내밀어 약조를 기다렸지만 기별이 없다.

날아가는 비행기 아래 떠 있는 포근한 구름이 포말을 일으키는 파도 같다. 외롭게 떠 있는 무인도 산하처럼 펼쳐지는 천상의 달밤이 전율을 일으킨다. 뭉게구름이 솜뭉치로 만든 거대 침실로 보여 포근하게 잠들고 싶어진다.

*

은은한 달빛 아래 펼쳐지는 천상의 모습은 신이 빚은 예술품 전시장이다. 어떤 구름은 요상하게 생긴 요괴의 형상으로 보여 무섬증을 유발 시킨다. 기묘하게 떠 있는 구름은 새로운 생각을 일으켜 환상을 도출해 낸다. 내 상상력은 자유를 활보하며 경험하지 않은 무한한 세계를 넘나들고 있다. 상상력이 창가에 부딪혀 오열한다. 상공에 떠 있다는 사실을 잊을 만큼 구름은 눈앞에 다큐극장을 선보인다. 구름 속에서 반짝이는 비행기 날개 끝 불빛이 섬광처럼 강렬하게 빛난다. 항공기가 천상의 세상을 당당하게 날고 있음을 표시해 주는 불빛이다. 아슴아슴 떠 있는 구름 위로 달빛이 천상을 덮었다. 문득 피아노 소리가 은은하게 퍼지며 월광곡이 흐를 것 같은 밤이다. 달은 군자다운 자태로 천상에 근엄하게 떠 있다. 혼신으로 천상을 비추는 달이 경배를 일으킨다. 속세 육지 위로 비행하고 있는지 구름 사이로 빛이 빛난다. 1만 미터 상공에서 본 속세 빛이 애잔하다. 먹구름이 질투라도 하듯 불빛이 시끌벅적한 속세의 모습을 차단해 버린다. 구름이 은은한 달빛을 차단한 것은 속세의 추한 것을 덮기 위함이지 싶다. 달빛이 미치지 않아 어둠 속에 묻힌 천상은 일말의 두려움을 일으킨다.

유년 시절 두메산골은 높은 산봉우리에 은은한 달이 뜨면서 시작되었다. 불빛이 없었던 어두운 밤을 희붐하게 밝히는 달은 하늘이 내린 선물이었다. 신 그림지로 가려져서 어두운 곳은 두려움의 대상이었다. 어둠은 바람에 부딪히는 소리가 머리카락을 곤두서게 공포에 질리게 했다. 그즈음에는 산골이라서 달빛 아래 보이는 물상이 죄다 두려움의 대상이었다. 공포에 휩싸였는데 살쾡이가 뒷발로 흙을 차며 놀라게 하면 혼비백산했다. 바위를 귀신으로 착각하고, 나무를 호랑이로 착각해 심한 공포에 떨었다. 두려움을 없애려고 가끔씩 엽초로 담배를 태워 빛을 내고 관봉으로 횃불을 밝혔다. 달밤에 야행성 짐승 공포증은 심했다. 두메에 적응하기 위해 야성을 길렀다.

*

인도네시아에 가까이 다가갈수록 열대성 구름이 많아지고 달빛은 약하다. 이륙한 지 일곱 시간이 다 되어도 비행기는 쉼 없이 창공을 날아간다. 지루하지 않게 해주려고 천상은 영롱한 풍광을 선보이며 나를 달래 준다.

천상에 다툼이 일어나서 포근하던 구름이 싸움박질하고 달빛을 차단한다. 천당인 줄로만 알았던 하늘나라에도 거대한 다툼이 있다는 사실을 알았다. 다툼과 피 터지는 싸움이 없으면 발전이 없는지 치열한 전투가 벌어진다. 구름 덩이가 제 살을 깎아내는 섬광폭음탄처럼 빛나는 번개를 직접 봤다. 음양의 에너지를 품은 거대한 구름이 충돌하며 일어나는 섬광은 황홀하다. 속세를 덮고 있던 먹구름이 천상에서 싸움질을 했지 싶다. 천둥과 번개가 퇴마의식이라도 하듯이 천상을 호령하며 평온을 유지한다. 비우지 못한 먹구름이 본을 보여주며 마음을 비워 중용의 길을 가라 한다.

우주의 섭리와 조화에 기묘한 신령이 일어 저절로 두 손을 모으게 한다. 천상을 비추는 은은한 달빛은 구도의 빛이다. 세상을 밝히고 내 가슴도 흥건히 적신다.

*

늘 우러러보며, 그리움의 원천이었던 천상의 실체를 봐서 환희를 일으킨다. 하늘을 날며 동경의 나래를 펼쳤던 천상세계를 만끽하며 호사의 시간이 흘러간다. 하늘나라여서 안전할 거라고 믿었지만 위험은 세상 어디서나 존재한다는 사실을 인지했다. 소멸하지 않고 남아 있기 위해 생존경쟁을 하는 것은 어느 세상이나 존재하는 불변의 법칙 같았다.

작고하신 부모님이 계시는 천상에 올랐는데 아쉽게도 만나지 못했다. 천당의 어느 곳에서 행복하게 잘 살고 계실 것이라는 믿음을 굳게 가졌다.

광활한 우주세계를 여행하면서 생각의 깊이를 한층 가다듬을 수 있었다. 몽환의 아름다운 정취에 젖어 핫한 분위기를 느낀 인생최고의 여행이었다. 많은 사실들을 보고 느끼고 나면 내 삶을 뒤돌아보게 하고 성찰하게 했다. 천상의 세계를 비춘 월광이 일러준 대로 살아가며 글을 창작해 볼 참이다. 황홀하고 두려운, 환희의 세상을 소재로 글로 정리해 보고 싶다.

천상에서 만난 신들의 이야기가 기억 속에 내려앉는다.

회동수원지

*

지난해 여름, 금정 회동수원지서 뜬금없이 수변산책 초대장을 보내왔다. 부산 올 일 있으면 편안하게 방문해 심신을 치유하고 가라는 전갈이었다. 삶은 지금이 중요하고 엉거주춤 기회를 놓치지 말라며 정중하게 초대했다. 결핍이 차서 시름에든 내 유전자는 휴식과 치유를 위해 망설이지 않았다.

금정구 선동을 출발하여 회동동까지 호방한 수변을 따라 5시간을 걸었다. 수영강 상류에 있는 회동수원지에서 산책과 순례를 한 것이다. 푸른 물이랑을 흔들며 손짓하는 호수가 온기 잃은 내게 에너지를 건넸다. 삶에 짓눌린 고통과 시름이 빠진 빈 자리에 평온이 들어앉기 시작했다.

수몰로 사라진 동대마을을 들머리로 해 동대교를 건너 아홉

산으로 향했다. 그 옛날 동래장과 철마장을 오갔던 보부상의 희로애락이 서려있는 길이다. 물류와 문화가 이동한 궤적이다. 장돌뱅이의 삶과 애환, 소식을 전했던 그 길을 저벅저벅 걷자니 보이는 궤적마다 진한 스토리텔링을 끌어낼 듯하다. 굽이굽이 돌아 아홉산 아래 내를 건너서 오륜대를 돌아 오갔던 철마옛길. 길마다 그들의 애틋한 사연과 눈부시게 아름다운 이야기가 펼쳐졌지 싶다. 밤에는 들짐승 공격을 막기 위해 달구지 요령소리로 요란했을 것이다.

아홉산 임도를 지나자 오르내리는 숲길은 호수를 끼고 흙길이 이어졌다. 호수와 오솔길, 숲과 하늘이 어우러져 옹골찬 명상과 사유를 머금게 했다. 천혜의 길을 걸으며 원더러스트Wanderlust의 기쁨을 내키는 대로 누렸다. 분신이자 아바타인 내 그림자가 길동무를 자청해 앞장을 섰다. 가만히 있어라 만류해도 내가 하는 행동을 어김없이 따라하며 흉내 냈다. 영혼의 그림자와 동행하며 저물어가는 인생의 오후를 심오하게 얘기했다. 드러나지 않는 내 영혼과 미래에 대해 대화를 해보기는 오랜만이었다. 공감과 자아성찰을 이끌어내는 잠언이 아슴아슴 다가와 몸에 휘감겼다. 산 그림자와 낮달이 잠긴 호수도 고즈넉한 자세로 대화를 엿듣고 있었다.

*

나무가 바람결에 율동을 하고 있고, 물총새는 먹잇감 사냥에 정신이 없다. 평화로운 숲속에도 부러지고 동강난 약육강식 경쟁의 참상이 눈에 띄었다. 숲이 내뿜는 피톤치드가 상쾌하고, 돋오른 햇살이 잎에 반사되어 빛났다. 햇살은 자신이 원하는 곳을 비추어 오방색 동양화를 그렸다. 태양이 그린 그림이 그렇게 황홀한지 처음 알았다. 범람한 감성을 정제된 글로 옮겼다. 개념이 사라진 자연의 저편에서 빛은 실루엣이 뚜렷한 경계를 만들었다. 마음에 흥겨운 해일이 일어나고, 생동감 넘치는 에너지를 선물해 주었다.

신선이 살법한 호숫가 으슥한 숲길을 걸으며 풍만한 무아의 시간을 누렸다. 시퍼런 호수가 웅숭 파인 소처럼 무섬증을 일으키는 것은 물의 권력이었다. 호수는 바다로 향할 열망을 접고 낮은 자세로 긴 침묵에 들어 있었다. 야생의 본능을 억누르고 기다림과 설렘으로 일탈을 궁리하고 있었다. 호수는 웅덩이에 감금당하고 억압당했어도 무덤덤하게 있다. 사면초가 고립무원의 처지지만 모성처럼 강해 보였다. 새끼를 거느린 어미의 본능처럼 뭇 생명체를 길러내는 모성애가 물이랑 타고 넘실거렸다. 호수에 떨어진 햇살 같은 언어가 저절로 우러나왔다. 눈부신 형용과 고상한 문장의 글을 썼다.

회동호수는 처음에 작은 샘에서 시작해 수많은 지류들과 합쳤을 것이다. 바위를 깎는 풍상을 거처 낮은 곳으로 흐르며 내를 만들었다. 산허리를 감아 돌며 물길을 틔우고 마침내 회동호수에 당도해 생명체 젖줄이 되었을 것이다. 손 없는 바람에 등 떠밀려 물이랑 일렁이며 의연하게 침묵하고 있었다. 호수가 푸른 이유는 빛의 산란뿐만 아니라 마음을 비웠기 때문이다. 비워버린 호수는 작은 흠결마저 없어 보였다. 햇볕에 윤슬이 일자 호수는 경계를 허물고 하늘과 산, 낮달을 껴안고 조곤조곤 대화를 나누기 시작했다. 무릉도원에 초대받은 기분이었다.

*

호수 둘레에 드문드문 설치한 데크가 걸음걸이를 한층 더 가뿐하게 했다. 멀리 철마천 물이 뱀처럼 흘러 호수로 들어오는 형상이 가히 장관이었다. 물리치지 않고 받아들이는 호수는 자기 안에서 정화를 시켜 나갈 것이다. 대자연이 만들어낸 작품은 절경이었고, 보이는 물줄기도 으뜸 산수화였다. 굽이치는 곡선의 물줄기를 보면서 내 마음도 그렇게 굴곡졌다. 곧은 직선이 아닌, 자유롭게 굽이쳐 흘러야 제멋이 난다.

마음의 경계를 지워 모난 바위를 넘나드는 물의 도전과 자신감을 배웠다. 모난 습관과 익숙함을 지우고 장애물을 넘나드는 물줄기가 되고 싶었다. 고정관념과 익숙함에 멀어져 낯선 곳을 흐르는 물의 도전에 감탄이 일었다. 마치 성찰을 한 듯 묵묵히 흐르는 물줄기가 한 편 동양화로 보였다. 제아무리 탁월한 화가가 그린 그림도 자연의 창조물을 능가할 수는 없지 싶다.

데크를 끼고 야생화가 흐드러지게 피어있었다. 꽃들은 저마다 화려한 자태를 뽐내느라 술렁거렸다. 야생화의 유혹에 넋을 잃고 무아지경에 빠졌다. 사위질빵이 하얀 꽃을 피워 웃었다. 보송보송한 솜털이 많은 박주가리가 불가사리를 닮았다. 등골나

물이 새쭉한 목소리로 어깃장을 놓았다. 왕관 모양 거지덩굴이 청승맞고, 닭장 냄새나는 계요등이 자태를 뽐냈다. 타래난초와 파리풀이 다투어 멋을 내며 이름을 불러 달라 졸랐다. 엉겅퀴와 원추리, 밥풀고사리, 좀고추나물이 떼 창을 부르며 환영했다. 야생화가 풍기는 향기가 코끝을 진동하자 눈이 열리고 마음이 맑아왔다. 천연의 비경에 눈은 호강하고 마음이 흥으로 차 무량한 감흥을 느꼈다.

*

상현마을은 신선마을답게 3명의 신선 피규어가 트레킹 옷차림으로 반겼다. 부산시가 조성한 갈맷 7길 종료 지점이자 8길과 9길 시작점이 상현동이다. 호수를 끼고 경관 좋은 곳에 전망대가 놓여있어 관성처럼 감동이 일었다. 침묵의 호수는 쉽게 범접할 수 없는 신력을 일게 했다. 함유되어 있는 티끌을 정수해 부산의 생명수가 될 날을 기다리고 있었다. 드문드문 스쳐 지날 뻔한 풍경을 카메라에 담을 수 있어 다행이었다.

부엉이가 많이 산다는 부엉산 전망대에 섰다. 수원지와 산세가 빼어났다. 두 눈에 조망되는 호수의 진풍경이 그렇게 평화롭고 아름다울 수 없었다. 상현마을에 한반도 지형을 닮은 범상치 않은 바위로 된 오륜대가 있었다. 다섯 신선이 지팡이를 꽂고 유상했다는 오륜대 전설이 발길을 멈추게 했다. 그래선지 쉼터 긴 벤치에 다섯 노인이 미동도 하지 않고 앉아있다. 저마다 금방이라도 말문을 열어 전설과 역사를 들려줄 것만 같았다.

땅뫼산 오르며 대전에 있는 계족산 황토를 섞어 만든 길을 맨발로 걸었다. 흙길이 주는 촉감이 열병을 앓는 내 발바닥을 다독거렸다. 호수는 여전히 치열했던 격정의 시련을 거두고 절망과 결핍을 삭이고 있었다. 그리움도 불만도 두려움도 없이 평온하고, 드러내지 않는 미학이 남아 있었다.

등을 돌려 지나온 길을 보니 여전히 둥근 호수가 눈에 꽉 차게 들어왔다. 놓친 경관과 잊고 있던 서정이 물이랑처럼 떠올라 내 정서를 자극했다. 물고기가 호수 위로 솟구치며 번지는 파장이 마음속까지 파고들었다.

*

5시간 만에 들머리인 회동댐에 회귀했다. 몸에 호수 냄새가 훅 끼쳐왔다. 호수를 산책하며 내 마음이 떨린 것은 희열을 느꼈다는 의미지 싶었다. 옷고름을 풀어헤친 물이랑이 호수를 흔들며 내게 진한 배웅 인사를 했다. 호수를 바라보며 표시를 내지 않으려 애썼다. 잠시 자연인이었던 시간과 작별을 했다. 여운이 빙빙 돌아 푸른 호수를 도려내어 마음속에 담았다. 훌쩍 떠나왔지만 마음속에는 여전히 내가 걸었던 길과 호수가 남아 있다. 이 아름다운 풍경이 오래 남아 있어 회동수원지를 떠올릴 것이다.

6부

얼굴을 읽다

거울 앞에서

*

거울에 비춰진 얼굴을 보니 내가 걸어 온 인생 궤적이 스멀스멀 보인다. 거울을 보면서도 얼굴을 지금처럼 유심히 관조해 본 적이 드물었다. 아침마다 면도를 하며 거울을 보지만 진작 얼굴에는 그렇게 관심을 두지 못했다. 이유는 나 정도면 괜찮다는 자만심의 발로가 아닌가 싶다. 달도 차면 기우는 법인가, 나이 들면서 왠지 웃는 얼굴을 보면 호감이 간다. 반세기를 살아온 지금에 철이 들어 늙어가는 얼굴에 관심을 두기 시작한 것이다. 불교 업경처럼 인생의 역로를 거울에 비춰서 양파 벗기듯 내 얼굴을 정독하기 시작했다.

헌칠한 신장에 우뚝 솟은 콧날이 매력이다. 귀에 비해 눈이 작지만 떼룩떼룩 구르는 눈동자가 멋있다. 둥근 얼굴과 흰 머리가 중후한 멋을 풍긴다. 둥글고 큰 것을 선호하는 우리 민족의 정서에 썩 잘 어울리는 내 모습이다. 유심히 보면 쾌나 호남형인 내 얼굴이다. 순진해 보이고, 어진 모습에 지성미가 넘치는 괜찮은 남자다. 자화자찬해도 빠지지 않는 얼굴이어서 좋다.

*

거울 돋보기로 크게 확대하여 얼굴 피부 구석구석을 유심히 관찰해 본다. 퀭한 내 얼굴이 낯설어 타인으로 보인다. 내 얼굴이 사라진 자리에 불쌍한 타인이 거울을 차지하고 있다. 웃자란 수염이 흉측하고, 미소 없는 부스스한 눈에 슬픈 영혼이 자리하고 있다. 곱게 살아오지 못한 얼굴로 보인다. 불현듯 개념 없이 늙어가는 내 얼굴이 불쌍해 연민의 정이 느껴진다. 나를 도외시하고 돌보지 않아 그렇게 만들었던 과거가 자괴감을 불러온다.

'얼굴은 풍경이고, 한 권의 책이다. 용모는 거짓말을 하지 않는다.'고 설파한 프랑스의 작가 발자크의 정의에 잘 어울리는 것이 내 얼굴이지 싶다. 얼굴은 내 살아온 자서전이요, 추천장이요 신용장이 아닌가. 또한 삶의 바큇자국을 보여주는 회고록이기도 하다. 문뜩 관상쟁이에게 내 얼굴에 비친 미래 관상을 보고 싶은 생각이 든다. 운명은 조물주만 아는 영역이지만 사주로 유추한 객관적 관점을 대상으로 개선하고 고쳐나가고 싶기 때문이다.

거울 앞에서 인상을 찡그리는 사람은 없다고 했는데 일부러 찡그려 본다. 이마에 주름살이 나타나 얼음처럼 냉랭한 표정을 짓고 있는 나를 응시한다. 내가 봐도 싫은 인상인데 나를 만난 다른 사람들은 얼마나 실망을 했을까. 얼굴은 거짓말을 하지 않는 법이다. 거울이 변명하지 말 것을 억압한다.

거울 속에서 자아를 찾기 위해 표정을 달리해가며 요모조모로 바라본다. 안 보이는 심연의 마음까지 읽어내게 하는 거울이 신기하다. 마치 요술 거울처럼 마법을 부려서 내 모습을 유린하는 것 같다. 희랍신화에 나오는 나르시스처럼 샘물에 얼굴을 비춰보며 자기도취의 황홀한 기쁨을 느껴보고 싶다. 남은 보되 거울 앞에서 보이지 않는 나를 발견하고 싶다. 내 안에 마음의 거울을 만들어 성격을 비춰보고, 인품을 비춰보고 정신을 비춰보고 싶다.

거울을 가까이해 뒷모습을 비쳐 본다. 등을 돌려 보면 내 모습을 찬찬히 볼 수 있다. 지금껏 보이지 못했던 내 얼굴을 읽자 온갖 사유가 돌출된다. 보인다는 것은 가까이 있음이다. 표정이 보이면 개선이 가까이 있음이다. 내 뒷모습 등에도 선명한 표정이 있다. 많은 암시로 삶의 궤적을 들여다보게 한다. 추억과 회한의 삶을 읽게 하고, 안 보이는 감정까지 읽게 해준다. 내 얼굴은 오만가지 표정을 지을 수 있지만 등은 거짓을 보여주지 못한다.

*

미소가 사라진 얼굴표정. 살아오면서 많은 사람들에게 일그러진 내 얼굴표정을 들켰는지도 모른다. 어쩌면 매 같은 눈빛과 구겨진 주름, 안색 표정을 여지없이 드러냈지 싶다. 내 얼굴에 무관심했던 습관이 부끄럽고 후회와 반성을 하도록 종용한다. 거울은 표정을 개선할 칼자루가 내 마음먹기에 달려 있다고 일러준다. 늦었지만 거울 앞에 자주 서서 나를 관조하고 구겨진 인상을 펴기로 했다. 암묵적 성격이 왜곡되거나 잘못된 기준은 없는지 살펴서 개선할 참이다. 세상에서 가장 좋은 벗은 나 자신이고, 나쁜 벗도 내 자신이 아닌가. 나를 위로하고 사랑해줄 에너지를 마음으로 품어 본다.

노화 시계를 개선하는 가장 좋은 방법은 표정습관을 개선하는 일이다. 얼굴 표정 근육을 사용하는 훈련을 꾸준히 해 밝은 인상을 만들기로 했다. 표정을 만드는 20여 개 근육을 발달시켜 밝은 미소와 웃는 표정을 짓는다. 흔히 흉한 비웃음으로 비쳐지는 입을 한 방향으로 일그러뜨리지 않게 했다. 균형을 맞춰 입꼬리를 올려 한결 밝게 해 호감을 주도록 고쳐가고 있다. 정화수를 떠 놓고 치성을 드리던 어머니 미간처럼 간절한 표정을 지어본다. 간절함이 있어 그런지 얼굴의 중앙 미간에 온기가 살아 움식인나.

순진무구한 손녀손자 웃음을 복사해서 그 표정을 지어보려 연습하고 있다. 환하게 웃음 짓는 사람들의 표정을 모방해 내 얼굴에 표현을 해보곤 한다. 좋은 표정은 미소가 가득한 얼굴이다. 웃음이 사라지지 않게 거울을 본다. 외모보다 내부에 충실히 하고, 얼굴 주름살보다 마음 주름살에 신경 쓴다. 상처 흔적이 있는 피부보다 마음을 곱게 하고, 향기가 나게 하고 싶다.

냉랭하지 않으면서 타성에 젖지 않은 내 본성의 온화한 미소를 지어본다. 세상에서 가장 온화하고 갓난쟁이 아이처럼 순수한 선물을 내게 건네 본다. 웃음은 타인에게 베푸는 선물이 아닌가. 선물은 상대에게 맞춰서 골라 건네는 법인데 나는 그러지 못했다. 타성으로 싱긋 떠올리는 미소와 억지웃음을 지어 좋은 선물을 건네지 못했을 것이다. 때로는 웃음이 지나쳐서 상대방이 오해를 할 때도 있었을 것이다. 비웃음으로 불쾌감과 혐오를 줬을 때도 있었을 것이다. 웃는 얼굴은 보는 이도 좋은데 그러지 못했다.

웃는 얼굴은 가난이 없다고 했다. 미소를 잃은 얼굴은 가난한 사람이라고 표시를 내는 것이다. 내가 여태 가난한 선물을 건넸으니 왠지 가슴 아리다. 개선을 통해서 즐겁고 다정한 미소로 타인에게 좋은 선물을 전해주고 싶다. 좋은 선물을 마련하기 위해 그만한 노력을 투자할 각오를 다져 본다.

*

내 주변에는 골퍼의 코치처럼 어떻게 하는지 관찰해 주는 거울들이 많다. 어린아이의 표정에서부터 만물의 표정들이 코치가 되어 거울이 되어 준다. 내 행동과 습관을 평가해 잘못된 얼굴표정 원인과 고칠 점을 알게 해준다. 마음에 거울을 들여놓았다. 끊임없이 성찰하고 진실하게 검토할 것이다. 거짓 마음의 때가 끼지 않았는지 허영이라는 마음의 눈곱이 끼지 않았는지, 교만이라는 마음의 부스러기가 나지는 않았는지 거울에 비춰볼 것이다.

거울 앞에서 미소 지며 나를 본다. 내가 웃으면 따라 웃는다. 내가 머리를 만지면 똑같이 행동한다. 내 아바타가 되어 나를 있는 그대로 보여 준다. 거울 앞에서 비춰보며, 들여다보는데 아버지를 닮은 내가 서 있어 놀란다. 환한 미소를 지어 나에게 줄 최고의 선물을 준비하고 싶다. 아직도 내 인생에 줄, 거울이 남아 있다는 믿음으로 기쁘게 살아가고 싶다. 먼 훗날 자식에게 거울이 되겠다는 마음으로 미소 짓는 얼굴을 바라본다. 요술을 부리는 거울일지라도 타인의 거울이 되도록 분명한 내 모습을 유지하며 살고 싶다.

눈사람을 만들다

*

아내와 함께 눈 덮인 가지산을 오르다 얼떨결에 눈사람 하나를 만들었다. 내린 눈의 소멸이 아까워서 눈사람으로 태어나게 하고 싶었기 때문이다. 죽은 나뭇가지에 아름다운 눈꽃이 다소곳하게 자리한 곳에 터를 잡았다. 뭇 눈들이 내려앉고 싶어서 평생을 순례하며 찾았던 터였는지도 모른다. 등산객들이 오르내리는 길모퉁이에 자리를 잡고 눈사람 만들기를 시작했다.

눈이 너무 깨끗해서 만지기 아깝다. 하얀 눈이 잘도 뭉쳐진다. 티끌 하나 없이 순수한 눈이 내 손안에서 뭉쳐지는 것이 흥미를 불러온다. 어떤 캐릭터를 만들까. 눈으로 내가 꿈꾸는 사람을 만들어 보는 지금 신성한 기운이 감돈다. 자유 분망하게 나를 캐릭터로 품격 있는 눈사람을 만들기로 결정했다. 내가 구상하고 있는 캐릭터의 모습이 자못 궁금하다. 내가 생각하는 내 모습이 쉬이 떠오르지 않아 망설인다. 휴대폰 거울에 비춰 봐도 자신이 없어 자유 주제로 결정했다. 본격 눈사람 만들기를 시작한다.

묵직한 침묵 속에 맑은 기운과 굳센 기상이 드러나게 눈사람을 만들었다. 산을 오르는 사람들이 반하고, 교감과 상호작용 할 수 있도록 예술적 감각을 발휘했다. 사람들에게 추억과 사색의 이미지가 되게 조각했다. 보는 사람들을 감동시켜주는 눈사람이 되기를 바라며 내 정서를 담았다. 우선 정신세계의 깊이를 담아 여체를 만들었다. 눈이 뭉쳐지는 그대로 여성 머리 부분을 만들었다. 솔방울을 따서 우수에 젖은 얼굴을 한 눈사람을 만들었다. 입에는 언품言品과 유머가 넘치도록 조각을 했다. 고운 얼굴에 미소로 화장을 해서 고전적이고 한국적인 여인상을 조각했다. 나뭇가지를 꺾어 절세미인형의 코를 만들었고, 잘 듣도록 귀를 만들었다. 생동감 있고 윤기가 나도록 솔잎 머리카락을 만들며 완성했다. 눈사람을 지켜보던 아내는 내 속도 모르고 자신의 아바타를 만들어 줘 기쁘단다.

*

눈사람은 몇 번이고 나를 향해 여군처럼 거수경례를 하고 있는 것 같았다. 자신을 사람으로 환생시켜 준 감사의 표시일 것이다. 눈은 윤회사상을 믿고 있는 것 같다. 눈이 녹기까지 인간으로 이 세상에서 살다 승천할 것이다. 눈사람에게 생명과 인격을 수혈해 그런지 세상에서 가장 순수한 모습이다. 아무 욕심도

악의도 없는 인간 본래 마음을 지닌 눈사람처럼 보인다. 신과 같은 신성한 존재로 여겨진다. 엄숙해지고 저절로 두 손이 모아진다.

내 유년의 고향 집을 지켜주었던 수호신과 흡사한 눈사람이 산중에 서 있다. 마음이 울적하고 아릴 때 치유해 주었던 듬직한 눈사람이다. 탕약처럼 끓던 갈망과 욕망을 물리쳐 주는 신묘한 눈사람이 노스탤지어를 불러온다.

다시 눈사람을 쳐다보면 항수 저편에 묵직한 미소를 띠고 마주하고 있다. 뭇 사람들의 용모를 뛰어넘는 얼굴이다. 나도 모르게 마음으로 희구하고 있는 여성상이다. 내가 원하는 여성상이 만들어진 듯 근엄하다. 자신을 다른 사람과 비교하지 않는 내 자신이지만, 눈사람과 나를 비교하면 솜씨가 미천해 나보다 우위가 되기에는 여러모로 미흡하지 싶다.

침묵의 눈사람이 묵언을 들려줄 기세로 사람들이 오가는 산중에 서있다. 독기를 뿜은 햇살이 사정없이 내리 쬐도 부동의 자세로 서 있다. 나는 개념과 사유, 자아의식이 만들어 낸 물상에 갇혀 자기애에 빠져들었다. 보조개가 드러나게 웃는 미인모습이 나를 멋쩍게 미소 짓게 한다. 영혼이 살아난 눈사람이 매혹적인 유혹으로 나를 꼬드길 것만 같다.

온갖 나무들이 무성한 산길에 만들어진 눈사람이 정제된 순수를 보여준다. 주변의 자연과 모종의 조화를 이루는 눈사람. 순수와 인간의 경계를 넘나드는 냉정한 아르테미스형 여인상으로 보인다.

산을 오르다 뒤를 돌아보아도 눈사람은 부처처럼 미동도 없이 앉아 있다. 천사가 앉아 있는 것 같다. 가까이서 보이지 않았던 낯설고 우수에 젖은 여인으로 보인다. 패위회목佩韋晦木에 어울릴 것 같은 아리따운 여인상이다. 나서고 싶고 뽐내고 싶어도 갈무리해 감추는 모습. 그 여심에 여운이 인다. 미인을 보는 듯 가슴이 뛴다. 불현듯이 영험한 기운이 솟구친다. 반백을 넘긴 나이임에도 아직 내 안에 정념이 살아 있다니 적이 놀랍다. 내가 만들기로 원했던 눈사람 캐릭터가 미인이었다니 더 놀랍다.

*

눈사람은 사유를 새롭게 해 주는 능력이 있다. 볼 때마다 다양한 상상력을 발휘할 수 있도록 뇌신경을 지극 시켜 주는 능력을 지니고 있다. 글감을 주려는 몸짓인가. 우듬지에 떨어지는 햇살 같은 언어가 스친다. 눈부신 형용과 고상한 수사가 담긴 언어가 눈사람에 부딪혀 바글거리고 있다. 순수성이 배어있는 고결한 언어에서 강한 글감이 꿈틀거리며 자극을 한다. 굳이 날 선 형상화와 사유를 할 필요 없이 눈사람이 일러준 대로 옮겨 쓰면 품격이 있어 보인다. 뭇사람들의 삶의 서러움과 굴곡진 아픔을 달래 줄 수 있고 치유를 해주는 글감이면 만족하지 싶다. 눈사람이 내게 하고픈 말을 처연한 문장으로 옮겨 글을 쓰기 시작한다. 어떤 때는 바늘처럼 내 무지를 찔러주고, 인두처럼 구겨진 마음을 다듬질해 줄 수 있는 참한 글을 쓰고 있다. 눈사람은 말은 없지만 은근히 호기심과 설렘을 주고, 글쓰기 창조에 대한 시각을 교정해 준다. 어색하고 부자유하며 어설프게 쓴 글을 다듬어 준다. 창작은 자신의 경지를 넘는 작업이다. 솜털을 벗고 날아오르는 새처럼 날개를 만드는 작업이다. 창작은 자신만의 시각으로 카메라에 담을 도구 하나는 가지고 있어야 한다. 낯선 길을 걷듯 일신우일신하며 걸어야 한다. 글쓰기의 목표는 즐거운 인생을 지향하고 낯선 곳을 걷는 여행이지 싶다. 혼자 생경한 야생의 세상으로 걸어가 형상화하고 사유하는 과정인 것이다. 그래야만 감춰진 자아를 발견하고 인생의 목적을 발견할 수 있있으리라.

걷다가 뒤돌아서서 눈 위에 남긴 눈사람과 발자국을 유심히 살펴본다. 눈사람이 나에게 말을 걸어온다. 해석하기 어려운 말이지만 주관화해서 이해했다. 가파른 산인만큼 천천히 올라가라고 말한다. 찬기를 머금은 바람이 뛰니 채비를 잘하라 타이른다. 가방끈을 조이고 아이젠을 살핀다. 마음이 닿는 대로 걸어야 하는 법이다. 그래야 걷는 재미 난다.

올라 올 때는 몰랐지만 지나온 길은 보니 내가 걸어 온 인생길 같아 한결 더 소중하게 보인다. 걸어가야 할 길이 얼마인지는 몰라도 휘적휘적 걸어 온 만큼 성숙되고 마음의 규모도 더 키우고 싶다.

정상에서 되돌아 내려오니 눈사람은 그곳에서 여전히 나를 기다리고 있다. 햇살이 점령군처럼 들이닥쳐 질투하듯 눈사람을 녹인다. 마음이 아리다. 몇 시간이 지났는데 벌써 허물어지고 할

머니 주름처럼 스러져 가고 있다.

*

내 추억어린 동심에서 아련하지만 소중했던 유년의 눈사람을 떠올렸다. 고향 두메산골에는 눈이 많이 내렸다. 앞산 뒷산에 빨랫줄을 쳐도 될 만큼 에워싸인 두메에 눈이 내리면 나뭇가지가 눈의 무게를 못 이겨 숙였다. 부러지지 않기 위해 나뭇가지는 허리를 굽혀 신에게 구원을 요청하고 있다. 눈을 이고 고개를 숙인 나무만큼 숭고한 모습을 본 적이 별로 없다.

하지만 눈은 삶에 힘든 시련을 주었다. 허리까지 쌓인 눈 위를 걷기 위해 설피를 신어야 했고, 눈이 녹는 봄까지 이동이 제한되는 불편한 생활을 했다. 다른 놀이가 없는 탓에 주로 눈썰매 타기와 눈 치우기를 했다. 아이들은 동심을 마음껏 발휘하여 집집마다 초대형 눈사람을 만들어 입구에 세웠다. 온통 눈으로 덮인 한적한 두메에 신령한 눈사람이 서 있었으니 든든했을까. 눈사람은 정서와 마음을 다스려 현실을 이겨낼 에너지를 불어넣어 준다. 곧 녹아 소멸될 눈사람은 아쉽지만 한편으로 그리움 원천이 되어 줄 것이다.

마음 만지기

*

저녁 식사를 마친 아내가 갑자기 갈비뼈 주위가 아프다고 드러누워서 악을 쓴다. 아내 마음을 만지듯 안마를 하고 파스를 붙여보기도 했지만 차도가 없다. 콕콕 쑤시는 담이 왔다며 걱정이다. 근육경련으로 인해 통증이 왔지 싶다. 아내는 계속해서 통증을 호소한다. 담이 어깨로 옮겨 다니면서 아파한다. 아내 마음을 만져보지도 빗장을 열어보지 못 해 그저 답답하게 지켜만 본다. 아픈 부위를 만져보고 마음까지 만져 볼 수 있는 도구가 내게는 없다.

아픈 아내를 두고 하던 일에 집중한다. 집안일을 못해 안달인지 세탁을 마친 빨래들을 널어 달라한다. 나중에 하겠다고 말하자 아내는 언성을 높인다. 내 자존심을 낮추고 아내를 배려하는 자세로 다가가지 못한 것이 잘못이다. 아내 마음을 얻어야 평온하다는 말이 실감난다. 환자인 아내는 권력이다. 빨래는 세탁 후 곧바로 널어줘야 주름이 안 진다는 강압에 마지못해 베란다로 걸어가 빨래를 널고 돌아온다. 아파서 드러누운 아내는 나를 아예 수족처럼 부린다. 안경과 물과 약봉지도 갖다 달라고 하며 자투리 일을 계속해서 주문을 한다. 통증을 빙자한 아내의 권력은 바쁜 나를 머슴으로 부려도 화내지 않았다.

평소 아내가 해야 할 살림살이가 그렇게 많은지 정신이 혼미할 지경이다. 일들이 군병처럼 도열한다. 여태 아내 혼자서 꾸려온 가사가 시위를 한다. 더는 신경 쓰기 싫어 도망치듯 서재로 들어가 마음을 부려 묵언을 한다. 아내는 내 마음을 만지지 못해서 수족처럼 부린 것이라 애써 이해를 했다. 남의 마음을 만지기는 어려운 법이다. 37년 지기 부부도 마음 만지기는 쉽지 않다. 아내의 마음 만지기를 할 수 있을 때까지 침묵하며 생각에 잠겼다. 침묵은 비로소 보이지 않았던 아내의 마음을 들어다 볼 수 있게 만들었다.

아내는 짧은 편지글을 카톡으로 보내왔다. 글에 나타난 표정, 스토리와 감정, 사소한 단어에 드러난 심리 신호들을 끌어들여 마음 만지기를 시도했다. 명경지수로 보이는 글을 통해 위로를 받고 싶다는 아내의 마음을 읽었다. 바쁨을 핑계로 내 관심을 받고 싶은 아내 마음을 만지지 못한 것이다.

*

사실은 나도 나 자신의 마음 만지기 하기가 어려울 때가 많다. 왜냐하면 자아가 내면의 골방에 갇혀 있어서 진정한 자신의 소리조차도 듣지 못했기 때문이다. 참 자아가 제대로 자라나지 못해 표출과 대화가 단절될 때가 많다. 또 평소에 말수가 적고 과묵한 편에 속해 드러내지 않았기 때문이다. 절망적인 감정이 일어나면 어떤 두려움 때문에 일부러 표현하지 않았다. 그래서인지 많은 사람들이 자신의 마음을 만지지 못해 어려워하는 경우가 있다. 잘 표현하지 않는 성격 때문에 주변인들을 어렵게 만든 일이 많은 것은 결핍이다. 표현하지 않아서 상대가 감정을 쉬이 받아들이지 않은 경우도 큰 결함이다. 과묵이 장점도 있지만 내겐 손해다. 언변이 미흡했기 때문에 과묵했다. 동료들은 그런 나를 어려워하고 쉽게 접근하지 못했다. 침묵은 더는 금이 되지 못하고 은에 머물렀다. 글로 내 마음을 표출했다. 일기장과 편지쓰기는 마음을 알리는 좋은 도구였다. 가장 사실적인 자기감정을 표현하는 이상적인 장르이기 때문에 자주 애용했다.

학령기에 일기장과 편지를 쓰면서 밤을 지새운 적도 있었다. 편지를 벗 삼아 즐겨 쓰고 심취했다. 주변인들과 연인에게 편지를 써서 보냈다. 상대로 하여금 내 마음 만지기가 가능하도록 나름대로 글로써 배려를 했다. 아버지께도 편지쓰기로 은밀한 마음을 전하고 질문도 하면서 교류했다.

골방에 갇혀있는 자아를 해방시켜 보려고 글을 쓰기 시작했다. 오랜 회사생활 이야기들을 회사 통신매체로 생각과 감정을 글로 표현했다. 정제되고 논리적인 글을 써서 소통을 위한 빌미를 먼저 제공한 셈이다. 상처가 많은 사람의 마음 만지기를 할 때는 나 자신을 낮은 자세로 임했다. 나를 낮추어 상대 감정을 받아들이도록 글쓰기를 했다. 마음 만지기는 진성성이 담긴 글을 통해야만 가능하다. 글로써 생각과 심리를 만졌다. 억압되어있으면 다양한 감정들을 변모시켜 보려고 글쓰기로 표현을 했다.

*

두 아들을 키우면서, 한창 성장 중이던 학령기에 마음 만지기를 못했다. 컴퓨터게임이 우상이 되어 두문불출하는 두 아들 때문에 가슴이 늘 조였다. 게임을 억압하고 강제하면 옹골차게 불만을 내뱉는 반항에 망연자실했다. 아내는 투사가 되어 두 아들과 오랜 시간 싸움을 벌였다. 학교 공부가 뒤지자 모자간 다툼은 더욱 치열했다. 아들은 독립운동하듯 숨어 게임을 했다. 아들은 자신의 모난 욕구를 컴퓨터게임에서 탕진한 다음에 비로소 멈췄다. 게임에 지친 아들의 모습은 의욕과 에너지마저 야위고 앙상하기만 했다.

아이들은 컴퓨터에 해방이 되었다 하여 공부와 쉽게 가까이하지 못했다. 깊은 상처를 치유하는 일이 남아있었다. 마음을 다독이는 시간이 필요했다. 아이들 마음을 만지기 위해서 고민을 거듭했다. 게임에 중독된 아들을 구출할 묘안으로 스스로 깨우치고 동기부여가 되는 가족신문을 만들기로 했다. 우리 집 가족이야기를 주제로 8페이지 신문을 만드는 작업에 올인했다. 각자가 맡은 지면을 채우기 위해 서로 자주 만나 일기와 글쓰기 작업을 했다. 후한 성과금과 범칙금이 두 아들에게 누름돌이 되어 동기부여를 종용했다. 여러 차례에 걸쳐 대화를 했다. 함께 꾸미고 교정한후 가족신문을 완성했다. 독자층은 같은 반 학생들과 친구들 그리고 친인척들이었다. 측근들에게 노출되기 때문에 행동과 글쓰기는 자존심이 걸려 있었다. 자존심을 지키기 위해 아들은 글을 통해 자신을 제대로 표현하기 시작했다. 아들 마음이 유리처럼 투영되도록 지도를 했다. 아들이 고민해서 쓴 글은 마음 만지기의 무기가 되었다. 아이들이 매일 일기를 쓸 때 일과 중 주된 이슈를 잡아서 표현하도록 지도했다. 글쓰기는 풍부한 정서를 길렀다. 아이들 일기는 글쓰기를 겸용했다. 백일장 대회에 참가하게 적극적으로 유인했다. 편지쓰기 대회에 자주 참가했다. 아이들 마음을 담은 글이 신문에 실렸다.

가족신문은 각자 쓰고 취재한 기사가 완성된 그림이 되도록 탈고를 했다. 자율적인 분위기에서 글을 쓰도록 지도를 꾀했다. 아이들은 어려움을 잘 이겨냈다. 인내는 어긋난 톱니바퀴를 가지런히 하는 마력을 지니고 있었다. 시간을 팔아 숙성의 시간을 만들었다. 숙성의 기다림으로 맹독을 걸러냈다. 주사처럼 따끔한 인내도 배우게 했다. 전국가족신문 만들기 대회에 출품해 대상을 두 번 받았다. KBS, MBC, 회사 사보 등에 생방송에 온 가족이 출연을 했다. 졸지에 일약 스타로 탄생했다. 아들의 행동 하나하나가 유명인이 되어 행위와 품위를 구속받기 시작했다.

언론 노출은 간접적인 규제가 되어 행동과 사고에 긍정적으로 작용을 했다.

*

마음은 손으로 만질 수 없다. 가족 마음 만지기는 숙제처럼 해야 한다. 개인의 즉흥적인 직감이나 눈썰미로는 상대의 마음 만지기에 결핍이 많다. 인간의 감정이 가식과 술수, 연기일 수 있기에 진실이 은폐되기 때문이다. 나는 주로 가족들에게 본심의 글로써 마음을 전하고 회신을 받는 편이다. 상대 마음에 맞도록 마음 내주기를 해서라도 마음 만지기를 해야 한다. 마음 만지기는 진정한 본심이 필수다. 글로써 표현하면 연결이 쉬워진다. 글은 본성을 잘 드러내게 해서 상대를 이해시키기 쉽다는 장점이 있다. 마음의 빗장은 쉬이 열리지 않는 본성이 있지만 글을 통해서 열 수 있다. 자신의 심리 상태를 문자로 나타내 마음만지기를 할 수 있기 때문이다.

마음을 부리는 도구는 마음뿐이다. 위해주고, 세워주고, 덮고 양보해야 한다. 상대 마음을 얻기 위해 자신의 본심을 전한 뒤 공감을 얻는 것이다. 이럴 땐 간격 유지와 연결이 중요하다. 간격의 적절한 조율은 마음을 보여주는 출발점이다. 마음의 조리개를 활용해야 마음 만지기가 가능하다. 요즘은 글과 그림으로 일곱 살 손녀 마음 만지기에 여념이 없다.

소주병

*

요즘 들어서 우리 집 주택관리를 하면서 재활용 쓰레기 분류를 하고 있다. 모두 열 가구가 사는 다가구주택이다 보니 나오는 재활용 쓰레기도 만만찮다. 그중에는 빈 소주병도 여럿 나온다. 경기가 나쁘거나 민심이 흉흉할수록 빈 소주병의 숫자는 늘어난다. 소주가 민심을 차유하는 약주기 때문이다. 소주병이 여러 개 모이면 마트에 파는데 단지로 된 저금통에 동전 쌓이는 소리가 소소하게 재밌다. 저금통이 차면 두 손주에게 나눠 줄 생각을 하니 즐겁다.

술을 따르고, 담고 손으로 잡는 구조인 소주병에도 사회 명암이 서려있다. 두루뭉술한 형상에 좁은 주둥이 술병은 뭐든 다 내줄 듯 복이 있게 생겼다. 알코올 증발을 막고 따르기 쉽게 하려고 병의 입구를 좁게 만들었지 싶다. 신성한 제사에 사용되는 소주병에는 주술적 의미가 들어있다.

*

유년에 두메산골에서는 주력 술이 전통막걸리였다. 집집마다 특유의 막걸리를 빚어 자급자족했다. 순도가 낮고 많이 마셔도 몸에 큰 지장은 없었다. 소주가 등장하기 이전까지 막걸리는 전통주류문화로 대를 이어 내려왔다. 그 판에 투명한 병에든 진로가 끼어들어 사람들의 술맛을 확 바꿔 버렸다. 지금의 초록색이 아닌 생수처럼 투명색 병에 담아 출시한 진로 소주였다. 알코올 함유량이 25도나 되는 소주의 소비량은 날개가 돋친 듯 늘어났다. 그사이 남녀노소 할 것 없이 소주 맛 유혹에 넘어갔다. 워낙 애주가들이 많다 보니 집집마다 순번제로 장날에 소주를 도매가로 구입해 와서 팔았다.

대를 이어온 가난을 탈피하지 못한 대가로 그 쓴 소주로 시름을 달랬다. 견물생심이라 했던가. 맛에 취한 애주가들 욕구를 끝내 만류하지 못했다. 소주병 주둥이로 맥주 컵이 차도록 가득 따라 놓아도 금방 병이 비워졌다. 변변한 술안주 없이 도수가 높은 소주를 마셨으니 속은 병들어 갔다. 팔팔하던 젊음이 알코올에 시들어갔다. 독한 알코올에 생명은 빨리 망가져 가는데 술의 야생에서 마구 뛰어다니며 술맛의 환희에 빠져 허우적거렸다. 충고도 그들 귀에는 마이동풍이었다. 애주가들은 하나둘 맥도 못 추고 시름시름 앓아눕기 시작했다. 알코올이 간 계통에 치명상이었기 때문이었다. 친한 친구가 죽어 나가는 것을 보고도 그들은 술 유혹에 벗어나지 못했다. 금주 맹세도 작심삼일 만에 끝났다. 마약에 홀린 듯 정신 줄을 놓아버렸다. 그들은 대를 이어온 가난에 말할 수 없는 아픔과 시름을 술로 해소하려 했을 것이다. 알코올에 취해 눈을 질금 감고 망각하고 싶었는지도 모른다.

워낙 두메산골이라 소주병은 고물상에게 팔지 못해 화단에 거꾸로 꼽았다. 소주병의 위험도 방지하고 화단을 깔끔하게 했다. 소주병 주둥이를 땅속에 거꾸로 박아 술꾼들에게 경각심을 주는 취지였지만 술의 욕구를 자극했다. 성묘 후 묘지 주변에도 거꾸로 꼽았다. 이는 조상에게 잘 돌봐 줄 것을 바라는 행위라 생각된다.

*

언제부터 유년의 투명한 소주는 사라지고 초록색 소주병이 유행 중이다. 유명한 연예인이 출연하는 그린소주 이미지 광고 효과의 영향이 상당했다. 초록색이 주는 평화, 편안함, 자연, 조화 이미지 광고 효과도 한몫을 했다. 초록색 소주병은 차별화 마케팅 전략이 주효해서 애주가 마음을 사로잡았다. 초록색 소주 등장으로 경쟁이 심화되자 경쟁사마다 원가절감이 필요했다. 총원가의 30%를 차지하는 소주병을 재활용하기로 하고 모두 합심을 했다. 국내 10여 개 소주 제조업체들이 모여서 소주병 재활용을 위해 360ml 용량의 초록색 소주병을 표준용기로 사용하기로 협약했다. 만일에 병이 파손되면 파쇄해 원료로 썼다. 빈병을 수거해 공장에서 철저한 세척공정을 거쳤다. 이물질 혼입 확률이 적어서 재활용을 최대 20번까지 할 수 있다는 것이다. 소주병 수거를 위해 소주 가격에 포함되어 있었던 빈병을 가져가면 40원을 돌려받았다. 30년 가까이 유지한 이 제도는 물가 상승으로 인하여 수거가 실종되다시피 했다. 제도가 보완되어 빈 소주병 가격이 100원으로 인상되었다. 그 결과 빈병 수거율을 80%까지 끌어올릴 수 있었다. 살아남기 위한 생존 경쟁은 그 시기를 빠르게 앞당겼다. 최근까지 초록색을 띤 소주병이 대세였는데 얼마 전부터 '진로이즈백'이라는 푸른빛이 감도는 투명한 소주병이 등장한 것이다. 롯데주류의 초록색 '처음처럼'과 하이트진로의 '참이슬'간 출혈 전쟁이 발발했다. 30여 년 만에 투명한 소주병 색상이 등장했다. 시장을 지배했던 초록색에 투명한 소주병이 도전장을 냈다. 돌고 도는 소주병 색상을 두고 경쟁업체 사이의 경쟁은 격해지고 있다.

*

주둥이가 하늘로 향해 놓여있는 소주병이 제발 마시라고 유혹하고 있다. 마치 군인들이 한 줄로 열병을 서고 있는 듯하다. 어떤 함성을 지르며 주둥이를 들고 서 있는 것 같다. 종교는 인간만의 전용물이 아니다. 소주병도 주둥이를 들고 기도하고 있다. 소주병의 두루뭉술한 몸피에서 풍기는 곡선미가 후덕하기 때문에 애주가들의 마음을 꼬드기는데 탁월하다. 불편하던 속을 깔끔하게 비웠지만 논에 물을 대듯이 채워 먹어 줄 태세다.

소주병이 아낌없이 내주는 것은 모성애 때문이지 싶다. 주둥이에 알코올 냄새가 배어있다. 그것은 애주가의 고결한 전용 용어다. 보채는 애주가들을 달래는 흡인이 있다. 젖줄 같은 소주병이 주둥이를 내놓고 기다리고 있다. 희로애락이 있을 때마다 등장했던 국민대표 주가 소주다. 뭇 사람들이 성질머리를 못 이기고 아픔을 쏟아내며 찾는 것이 소주다. 온갖 저주와 혐오스런 말을 쏟아내며 앙탈을 부려도 아린 가슴 쓸어내며 군자처럼 침묵한다. 침묵은 도피의 한 방법일 수 있다. 몸피가 박살이 나도 침묵한다.

민초들의 울분과 억울함 달래주는 본능을 발휘해 소주병 속 젖줄을 비워내고 다시 채울 준비를 하고 있다. 고통을 달래주고 때론 축하와 기쁨을 두툼하게 나누기 위해서 비우고 내어 주기만 하는 소주병이 있어 찾는 것이다. 세상은 술이 마중물 되어 윤활유를 친 기계처럼 원활하게 돌고 있지 싶다. 소주병에 참기름을 담고 꿀을 담았으면 평온한 인생을 누렸을 법도 하다. 먹여주고 원망을 받았어도 한 해에 소주 약 34억 병을 비웠다니 놀랄 따름이다. 소주병을 세우면 서울에서 부산을 1,700여 번이 오가는 천문학적 양이다.

*

소주는 애주가들에게는 눈부신 형용과 고상한 수사로 칭송을 받고 있다. 소주병은 애주가들이 갈증을 느낄 때마다 젖가슴을 내놓고 속을 비운다. 세상 애주가들에게 알코올을 먹이는 소주병은 차별하지 않고 공평하다. 많이 마실 능력이 되는 애주가들에게는 차별 없이 무한정 젖줄을 허용한다. 과음해서 알코올에 중독이 되고 간이 손상되어 죽어가도 책임지지 않는다. 오래 먹은 고깃국은 금방 맛이 없어 안 먹지만 소주는 마실수록 늘어난다. 속을 비워낸 소주병은 공장으로 들어가 쓰디쓴 소주를 채워 세상에 나온다.

주량이 한 병인 나는 애주가 부류에 속하지는 못한다. 사람의 소리를 듣기 위하여, 편견을 없애기 위해 가끔 속이 꽉 차 있는 소주를 따라 마실 뿐이다. 살면서 희로애락이 있을 때마다 나누고 해소하기 위해 소주와 함께한다. 혼자서 마시는 일은 거의 없다. 두루뭉술하게 모여 친교를 나누며 마실 뿐이다.

재활용 쓰레기를 분류하기 위하여 긴 집게를 들고 작업을 시작한다. 소주병은 저마다 할 일을 다하고 재활용을 위해 마구 흩어져 내 구원을 기다리고 있다. 유달리 날씬하게 생긴 소주병이어서 치워 달라고 유혹하고 있는 것 같다. 생애에 20번이나 재활용이 가능한 소주병이 속을 채워달라고 시위를 한다.

빈 소주병을 모아서 마트에 팔았다. 작은 동전이지만 티끌 모아 태산을 외며 적색 솥단지 저금통에 넣는다. 동전이 떨어지는 소리가 경쾌하게 들린다.

손톱

*

결혼 후 여태껏 내 손톱 깎기는 아내의 몫이다. 손톱을 자르기 전에 신체 건강 상태부터 세밀하게 관찰해 준다. 덕분에 손톱 관리가 잘 되어 나이 들어도 흠 하나 없는 반달 모양이 열 손가락 끝마다 솟아 있다.

아내의 눈에 덧난 손톱은 예리한 손톱 깎기 날에 뚝딱 잘려서 떨어진다. 아무 불만도 회한도 없다. 군자처럼 묵묵히 견뎌온 손톱이 바닥에 뒹군다. 제아무리 무생물이지만 왜 할 말이 없겠는가. 그 기구한 곡절을 안으로 삼키며 말이 없다. 그 곡절을 들을 능력이 없어 궁금증을 삭인다.

잘 잘려서 두툼하지 않고 갸름한 손톱처럼 혈색이 건강해 보인다. 조반월이 반원이어서 호감이 가지만 독수리처럼 낚아채거나 쇠칼처럼 시퍼런 위협을 느낄 때도 있다.

*

신은 신체 중에 막중한 중책을 맡고 있는 손가락 보호를 위해 단단한 각질로 된 손톱을 만들었다. 저마다 다른 모습으로 손가락 끝에 정렬되어 있다. 손이 신체의 날개이고 손가락이 집게라면 손톱은 충직한 호위병이다. 딱딱한 갑옷을 입고 칼을 장착하고 변방을 지키는 호위병이 천직인지 모른다. 어머니 뱃속에서부터 죽는 날까지 손가락을 보호하는 지원 임무를 맡았다. 자식이 많은 어머니처럼 손에 붙어있지만 알아주지도 않아 늘 찬밥 신세다. 마치 작다는 이유로 무시당했다가 사랑받고 있는 멸치와 같은 신세다.

손톱은 끝이 날카로워 간단한 절단 작업에 많이 사용한다. 부착물을 긁어내거나, 실이나 끈을 끊을 때도 사용된다. 가려운 곳을 긁을 때나 작은 물체를 정교하게 집을 때도 쓰이고, 귀청이나 콧구멍을 팔 때 주로 애용된다. 손톱을 이용해서 기타의 줄을 튕기면 선명한 소리를 내고 흥을 일으킨다. 열 개의 손톱이 협업하여 아름다운 선율을 창출한다. 심리상태, 건상 상태를 확인시켜주는 바로미터가 되는 것이 손톱의 주요 역할이라 할 수가 있다.

*

몸의 파수꾼 손톱의 삶은 순탄하지만 않았고, 우여곡절과 시련도 많았다. 가장자리에 가시처럼 솟아 거슬린 손톱 조각을 뿌리째로 뽑은 적이 있었다. 처음에 누르면 아프고 욱신거렸지만, 곧 나아질 줄 알았다. 며칠 지나자 염증이 생겨서 손가락이 붓고 살짝 닿아도 바늘로 찌른 듯이 통증을 느꼈다. 괴사 되었지만, 다시 돋을 에너지를 가진 손톱의 자생능력을 믿고 기다렸다.

공장 현장에서 망치에 찍히고, 손톱이 부러져 보기가 흉측할 때도 있었다. 정서가 불안한 유년에는 자란 손톱이 이빨에 마구 물어뜯은 적도 있었다. 언젠가 틈새에 끼여 손톱이 심하게 찢어져 크게 다친 일도 있었다. 손톱 안쪽에 있는 말랑말랑한 조직인 조반월이 찢어져 내부에 출혈이 났다. 손톱 전체는 멍이 들어 검게 변색했다. 과도한 수분 접촉은 괴사 속도를 더 높였다. 세균의 감염으로 염증이 생겨 고름이 차고 손가락이 부어올랐다. 괴사가 더 진행되어 손톱 전체가 덜렁덜렁했다. 참다못해 손톱을 통째로 빼버렸다. 흉측하게 생긴 손톱이 보기가 싫어 골무를 씌운 적도 있었다. 소독하고 관리하며 손톱이 가진 자생능력을 믿고 차분히 기다렸다. 완전한 자생까지 두어 달이 걸렸다. 다시 살아난 손톱은 변형이 되어 예전의 손톱 모양은 갖추지 못했다. 그래도 극한 상황에서 좌절하지 않고 꿋꿋하게 자생이 되는 손톱의 강한 생명력. 내 몸이 아직은 건재하고 있음을 확인했다.

손톱이 빠져 흉측한 모습을 보니 작두에 손가락이 잘린 형님 생각난다. 뻐꾸기 우는 봄날, 퇴비를 만들기 위해 작두로 풀을 썰다 절단된 사고였다. 작두에 검지손가락이 잘린 형은 검붉은

피를 흘리며 기절하듯이 절규했다. 잘린 손가락을 잡고 어찌할 수 없어 발만 동동 굴렀던 그때 기억이 아리다. 손톱이 빠져 핏기가 서려 있는 상처. 형님의 극한 고통이 생각나 아리다.

손톱은 아픔이 없는 줄로만 알았다. 가련한 내 어머니처럼 아픔이 없는 줄 알았다. 그러면 안 되는 어머니. 어쩌면 손톱은 육남매가 속을 썩여도 끄떡없었던 어머니를 닮았다. 늘 부당한 처우를 받고 살아 온 손톱은 은근히 소외당하기 일쑤였다. 같은 처지임에도 자주 매만지는 이빨이나 머리카락과는 대우부터 달랐다. 한평생을 제대로 대우받지 못한 삶을 사시다 가신 어머니도 소외당하며 지냈다. 볼품없고 보기 흉한 손톱이라도 조금씩 자라나지만, 어머니는 늘 그대로였다. 내 몸의 중간 부위에 터를 잡은 손톱은 나를 지켜주는 호걸 같은 전사다. 손톱이 멈추지 않고 자라고 있어 그림자가 짙어가는 인생도 아직 건재하다. 어머니 삶 같은 손톱을 마주하면 범접할 수 없는 소중함을 느끼곤 한다.

*

손톱 깎기를 마친 손톱이 분홍빛을 띠고, 빈짝이는 윤기까지 일고 있다. 반달 모양을 띤 하얀빛 조반월에서 손톱을 만들기 위해 세포가 꿈틀거린다. 세포인 케라틴이 조모에 자라면서 물렁물렁하고 흰색을 띠고 있는 것이다. 손톱의 자궁인 조모에서 새 생명이 자라나고 있어 참으로 신비하기도 하다. 그 생명은 조갑으로 이동해 갑각류 껍데기처럼 단단해지고 핑크빛을 띤다. 조모 활동 정도에 따라 사람마다 다르게 손톱이 만들어지게 되는 것이다. 가장 중심부에서 몸을 호위를 하려면 강하고 단단해져 용감무쌍해야 한다.

손톱은 관심을 주지 않아도 자생력이 있어 잘 자란다. 몸에서 가장 험한 일을 하는 머슴임에도 쉼 없이 자라고 있으니 아이러니하다. 손톱을 자를 때마다 내가 아직도 건재하다는 위안과 에너지를 얻는다. 몸의 피조물이지만 관심을 받고 있다.

아내는 내 손톱이 웃자라면 가차 없이 잘라내어 지아비 위상을 높여준다. 날카로운 손톱은 위험한 무기이기 때문이다. 아내는 웃자란 손톱을 위협의 대상으로 여기고 있다. 심리적 불안감, 위생 문제, 나쁜 인상을 줄 수 있는 긴 손톱을 잘라 버린다.

내 손톱은 아내의 지배하에 있어 감히 일탈하지 못하고 단정하게 지낸다. 아내만의 방식인 지아비에 대한 사랑이지 싶다. 손톱의 숨소리가 들린다. 살아있는 세포 조모에서 나는 소리다. 손톱이 건강하다는 신호가 아닌가.

*

아내가 가지런하게 손질해 준 손톱을 바라본다. 날카로운 손톱을 똑딱 잘라내서 반달처럼 보인다. 달이 된 손톱에서 광배가 일어날 것만 같다. 손톱의 가장 중요한 임무는 뭐니 뭐니 해도 내 건강 상태를 점검해 주는 바로미터다. 아내가 손톱을 누르고 떼자 원래 분홍빛으로 돌아온다. 제때 돌아오지 않으면 모세혈관에 혈액순환이 이루어지지 않기 때문이다.

자라고 깎기를 반복한 손톱의 시간을 음미해 본다. 주인에게조차 관심 밖이었고 도외시 되었던 손톱에 미안하다. 손톱 같은 삶을 사시다 가신 어머니의 희생정신이 아리다. 가족의 손톱으로 사신 어머니 은혜가 소환된다. 작두에 잘린 형님의 한쪽 손가락이 소환된다.

아픔은 오래 기억되나 보다. 죽는 날까지 함께할 내 호위무사 손톱이 자근자근 토닥여주며 위로해 준다. 웃자란 지아비 욕심을 자르듯이 아내는 손톱을 잘라 줄 것이다. 위험의 신호가 올 만 하면 잘라내는 아내는 나의 또 다른 지킴이자 손톱이다.

얼굴을 읽다

*

경주 남산 기슭 부처골에서 깊이 1m 감실을 파고 새긴 마애여래좌상을 만났다. 남산에서 가장 오래된 석불이고 삼국시대 후기에 조각된 보물이라 한다. 귀까지 덮인 두건을 쓴 머리와 둥근 얼굴, 눈과 입가에서 신라의 미소가 번지는 미인상이다. 몸에 두른 옷자락이 물결무늬처럼 일렁이고 현란하다. 호감이 가지만 석불의 주인공이 누군지 알 수 있는 세세한 정보는 없다. 빗살돌무늬 사이로 비치는 얼굴에서 근엄한 모성의 궤적이 묻어나온다. 석불과 눈을 마주친다. 엄숙하고 인자해서 내 마음이 수북해져 온다.

여래좌상석불이 온화하고 자애하신 내 어머니의 얼굴을 쏙 빼닮았다. 눈에 보이는 여래좌상석불이 한동안 잊고 있었던 어머니를 떠올리게 한다. 입술도 눈도 그렇고 무념무상에 잠긴 자태는 꼭 소천하신 어머니 얼굴이다. 두 눈을 떼룩떼룩 굴려 하늘에 계신 어머니에 대한 그리움을 핥는다. 어머니와 내가 마주 보며 정리되지 않은 무언의 교감을 주고받는다. 어머니 얼굴을 닮은 보물 198호 부처골 마애여래좌상이 건네는 넉넉한 미소. 기억 속에 있던 어머니의 정이 레이더를 타고 왔다 물안개처럼 사라진다.

*

부처골을 걸어 내려오는데 어머니 얼굴이 떠올라서 자꾸만 뒤돌아봐 진다. 곡선으로 이어진 산길이 저만치 보일 때까지 그리운 어머니의 모습이 떠올랐다. 아직 갓난쟁이 젖빛 사랑이 남아 있는지 어머니는 밝은 햇살처럼 다가온다. 오금을 못 펴는 그리움이 어머니와 함께했던 기억 속으로 휙휙 뿌려진다. 반짝이는 윤슬에 그리움을 실어 걸어 온 산길에 내려놓았다. 살아생전에 더 잘해드리지 못한 불효, 말하지 못한 언어가 가슴에서 폭죽처럼 터진다. 어머니가 준 숭고한 모정이 기억 저편에서 서걱거리고 압핀처럼 푹푹 찌른다. 다시는 누리지 못한 모정은 시리지고, 절정의 내 사랑은 드릴 방법이 없다.

무슨 인연이 생길 징조일까. 한 마리 나비가 뒤에서 날아오며 슬몃거린다. 외로운 나비를 위해 살포시 다가가 손을 내밀어 정다운 만남을 청구했다. 나비는 쉽게 몸을 허락하지 않는다. 자꾸만 손에서 떨어져 날개를 젓는다. 절개가 굳고 일편단심 자식

밖에 몰랐던 어머니의 정조를 읽는 듯하다. 나비는 서두르지 않고 여유와 자유를 싣고 유유히 날갯짓을 하고 있다. 어머니의 혼령이 나비가 되어 동행하고 있는지도 모른다는 생각이 들었다. 나비가 날아간 하늘을 한참이나 바라보며 어머니를 배웅해 드렸다.

*

여래좌상 얼굴을 마주한 탓인가 불현듯 어머니가 그리워지기 시작한다. 사진 속에 있는 어머니 얼굴이 오늘따라 더 자비로 떠오른다. 머리카락이 하얀 어머니 얼굴은 혼자 힘으로 버텨내야 하는 고독함이 흠씬 묻어 있다.

기제사 때마다 제사상 위에 위패 삼아 올려놓는 어머니의 얼굴과 마주한다. 사진기술이 많이 부족했던 시절이라 손으로 그리다시피 제작한 초상화다. 그 사진사는 모난 어머니의 얼굴을 예쁘고 아름답게 주름살을 펴 놓았다. 현모양처요 미인의 얼굴로 그려 놓았다. 구수한 어머니 향기가 살아 있다. 얼굴 사진을 그린 사진장이는 주름살도 펴고 입가에 천년의 미소를 그렸다. 살아온 삶의 기구함도 외곬 침묵도 얼음장 같은 싸늘함도 없는 얼굴이다. 어머니의 향기가 사진 액자를 뚫고 나와 온 집안 구석구석으로 넘실거린다. 머릿결이 유난히 고우셨던 자애한 얼굴을 보고 있자니 마음이 부자가 된다. 나는 사진장이가 그리지 않은, 어머니가 내려놓은 곡진한 삶을 가끔 읽는다. 제 삶을 살지 못하고 소천 하셨다. 차라리 삶을 놓고 멀리 도망치고 싶었는지도 모른다. 어머니가 찾는 파랑새는 무엇일까? 그저 세월을 헤아리며 영혼마저 무디고 익숙해져 자신의 삶을 잊었는지도 모른다. 그나마 초상화 속 어머니 얼굴을 뵐 수 있어 위안이 된다.

*

어머니는 음식솜씨가 좋았다. 특히 남다르게 빚는 농주 맛이 뛰어나 '어머니표 농주'로 환심을 샀다. 어머니 얼굴은 듬직한 여운으로 동네 사람들에게 우직한 믿음을 주었다.

몹쓸 병을 앓는 둘째 딸의 병을 고쳐보겠다고 팔을 걷었던 어머니셨다. 둘째 딸이 앓아눕자 고칠 수 있는 곳이면 천 리 길이라도 발품을 팔았다. 치료비를 마련하기 위해 멧돼지가 우글거리는 깊은 산에 들어가 해가 저물 무렵 집으로 돌아왔다. 어머니의 일상은 오직 자식을 위해서 살았지 싶다. 태양을 바라보면서 먹감나무 무늬처럼 속이 검게 타들어 가도록 비손했다. 온몸으로 질풍노도처럼 몸부림쳤던 어머니는 할 수 있는 일은 다했다. 신에게 구원을 하는 구도자의 몸짓으로 간절한 기도를 올렸다. 간절함에도 불구하고 자폐증 환자가 된 둘째 딸의 병세는 호전되지 않고 늘 그대로였다. 어미니는 하지정맥류로 시퍼런 핏줄이 나왔어도 늘 미소를 잃지 않았다.

가만히 생각을 달리해 보면 어머니 얼굴이 다양하게 떠오른다. 딸을 지켜낸 어머니 얼굴은 부처를 닮았다가 속세를 잊은 수도승도 닮았다. 어머니에게 부처가 들어 있지 않고서야 곡진한 인생을 이겨내지 못했지 싶다.

*

몇 해 전 노인요양센터 체험하면서 유달리 마음이 간 어르신이 생각난다. 사회복지학사 취득 3학점을 이수하기 위해 보름간 실습을 한 적이 있었다. 연세가 구순이고 거동은 할 수 있으나 청력을 잃은 치매 3등급 어르신이다. 뭇사람이 누릴 한계 수명을 넘긴 연령이라 우러러 보인다. 그래서인지 고개를 들고 참선하는 듯 그 얼굴은 신의 얼굴이 되어 평온한 자비심이 흐른다. 여간해 상을 짓지 않은 성인의 얼굴이다. 누가 사준 옷인지 몰라도 얼굴이 살아 움직이는 마법이 있다. 미소를 지을 때마다 모성애를 불러일으킨다. 고전적 한국 여인상 요건을 다 갖추었다. 순수하고 맑은 영혼이 그 얼굴의 주름을 타고 실루엣을 보여준다. 즐거워하는 일도 잊어버린 듯 우련하게 앉아만 계신다. 꼭 그렇게 사셨을 내 어머니 얼굴로 푼더분하게 앉아계신다.

즐기는 기회를 잃고 지낸 지 오래된 것일 게다. 그만큼 세상 풍파에 능숙해져 있다는 표정이다. 제 삶은 도외시한 채 타인 습관이며 성향까지 섬기며 살아 온 지도 모른다. 삶에 주눅이 들어서 평온한 얼굴, 웃음 띤 얼굴을 내놓지 못했지 싶다. 내 어머니처럼 웃음 리듬을 잃었기 때문이다.

체험 마지막 날, 어머니 생각이 나서 북받쳐 오는 울음을 속으로 삼켰다. 작고 여윈 손을 흔들며 떠나는 나를 바라보는 얼굴에 눈물이 고여 있었다. 그분 얼굴은 어머니에 대한 불효를 느끼게 하는 마법 같은 휴머니즘이었다. 그리운 어머니 얼굴과 겹쳐 한동안 하늘을 바라보다 도망을 치듯 나왔다.

*

한 번 웃음 띠면 온화하고 자비가 흐르는 어머니의 얼굴을 떠올려 본다. 일생을 빛냈던 불꽃은 어머니가 돌아가신 뒤 솟았다가 사라지는 것일까. 기억에 남을 그리움은 언제나 뒤늦게 생각나는가 보다. 그 얼굴을 생각할 때마다 어머니에게 못 해 드린 불효가 파도처럼 몰려온다. 끝없고 만족할 수 없는 것이 부모에 대한 자식의 효도가 아닐까 여겨진다. 있을 때 다하지 못하고 안 계실 때 후회하는 것이 불효자의 현실이다. 내 기억 속 어머니 얼굴에 돋보기를 씌워 잊히지 않는 모정을 그리워할 수만 있다면 조금은 위안이 되지 싶다. 수북하게 웃는 어머니가 현현해 늘 내 곁에 계실 것 같다는 생각이 든다. 경주 남산 불곡 마애여래좌상을 빼닮은 어머니 얼굴을 읽었으니 그리움은 조금씩 완화되어 진다.

고향 집 뒤란 허청 종구라기에 담아 매달아 놓은 어머니 삶을 핥아 본다. 하늘을 볼 때마다 떠오르는 어머니 얼굴과 가슴 저미며 밀려오는 그리움. 볼 수 없는 모정보다 더한 그리움은 없지 싶다. 어머니가 그리워 두 눈을 감는다. 부처가 들어 있는 어머니 얼굴을 읽어 넉넉한 평온을 찾는다.

서평

자전적自傳的 수필론

나의 삶 나의 문학

1. 몰입沒入을 익히다

나는 일제강점기 때 초등학교를 졸업한 부친의 지도 덕분에 초등학교에 입학하기 전 한글을 깨우쳤다. 부친은 당신이 배우지 못한 한까지 나에게 기대를 걸고 열정으로 공부를 가르쳤다. 지금 생각하면 부친의 교육 열정은 과히 몰입의 수준이었고, 그 덕분에 탄탄한 공부의 기본기를 익혔다.

무아지경無我之境과 물아일체物我一體로 대변되는 몰입은 내 인생의 좌우명이 되었다. 학교에서 공부를 할 때도 늘 자신감Confidence과 용기Courage로 집중Concentration하며 기본에 충실했다. 그 덕분에 학령기에 내내 최선을 발휘해 우등생을 유지했고, 글쓰기에도 두드러진 소질을 보였다. 천혜의 자연이 벌거벗고 내 정서를 자극할 때마다 작문을 쓰듯 일기장에 옮겼다. 보이는 자연에서 보이지 않는 사유를 많이 했다. 특히 변화무쌍한 자연현상을 새롭게 사유하면서 정서와 내면을 키워 갔다. 형상화하고 의미화시키는 글짓기는 문향의 희열에 푹 빠지게 했다. 그 글짓기 흥미 때문에 몰입했고, 내 자아를 비추는 거울이 되었다.

2. 두메산골과 왕피천은 위대한 문학 스승

내 문학의 기저基底는 유년기를 보낸 천혜의 자연과 왕피천이다. 자칫 목숨을 앗아 갈 만큼 험준한 자연환경은 호연지기를 기르게 하면서 순수한 글감을 창출하는데 마중물이 되었다. 자연을 형상화하는 안목은 문학적 재능 향상에 기여했다. 원시자연은 잠재 상상력을 발휘하도록 단초를 제공했고, 날 선 형상화와 넓은 사유는 문학적 역량을 단련시켰다. 병풍처럼 에워싸인 높은 산봉우리와 해와 달, 사계절 색상에서 느끼는 문향은 문학적 역량 향상에 모태가 되었다. 나무의 잎맥과 계곡의 뭇 생명체에서 풍겨 나온 문향은 내 글감 샘이 되었다. 자연현상을 문학적 리듬으로 변모시키는 역량은 몰입에서 나왔다. 자연에 몰입해 얻은 문학적 자양분을 섭취할 때마나 글력은 성장을 거듭했다. 자연 몸짓에서 형상화 시킨 문장은 창작의 씨앗이었다. 창작의 역량을 키우기 위해 두뇌에 감성을 부여하고 다양한 자연에서 자양분을 섭취했다. 특히 영양 일월산에서 발원해 동해로 이어지는 왕피천은 글쓰기 샘이 되어 지대한 영감을 발휘하게 했다.

내 글의 마르지 않는 샘이 되어 정서에 큰 영향을 끼친 것이

왕피천이다. 경계를 지우며 흐르는 역동적인 물줄기는 글감의 자양분을 제공하고 있다. 자연은 내 영혼에 신선한 옷을 입혀 창작으로 생산되었다. 자연을 모방해 창작한 글은 문학적 수준을 명장하게 만들었다. 인간 세상이 아닌 자연에서 모방한 글은 범접할 수 없는 문학적 효용을 높게 했다. 변화무쌍한 자연 덕분에 학령기 내내 글을 부리는 글쟁이로서 두각을 나타내게 만들었다. 두메산골과 왕피천은 가장 위대한 내 문학 스승이었다. 먹구름이 삭아내려 뭉게구름이 되는 변신의 과정을 개성 있는 안목으로 바라보며 상상했다. 자연이 일러 준 대로 글짓기를 하다 보면 모든 비밀이 내게 손을 내밀었다. 그 자연이 글짓기의 다양한 자양분 되고 스승이 되어 주었다.

3. 글발을 날렸던 학령기

초등학교 때 형님이 공부했던 방송통신 국어교재가 독서 결핍을 치유했다. 곰팡이 냄새 나는 그 책을 읽으면서 처음으로 문학의 향기를 맡았다. 4학년 무렵 이야기 한국사를 두루 섭렵涉獵하면서 문학적 소양을 쌓았다. 전국 고전읽기대회 출전 준비를 하면서 본격적인 글쓰기를 시작했다. 여러 권으로 된 한국사를 탐독 후 쓴 독후감은 글짓기 능력향상을 가져왔다. 이야기 한국사를 반복해 탐독하며 외우듯 내용을 익힌 후 독후감을 썼다. 그 때 책을 읽고 느낌을 발표하는 독후감 쓰기는 내 문학의 토대가 되었다. 글짓기 기본기를 익힌 덕분에 나의 글력은 놀라울 정도로 향상 되었다.

5학년 때 산에서 들쥐를 쫓고 살모사를 잡았던 글을 써서 제출했는데 선생님은 남의 글을 인용했다며 심한 체벌을 내린 일화가 있었다. 너무 억울했던 나는 울분을 토하며 한동안 글쓰기를 포기하기로 결심을 했다. 하지만 익숙해진 글쓰기 욕망이 되살아나 일기와 편지글로 일취월장했다.

집을 떠나 유학을 했던 중고교 시절에 맞이한 그리움은 눈물을 쏟게 했다. 향수를 달래기 위해 쓴 다수의 편지글은 글쓰기 능력을 배가시켰다.

중학교 때 군 학생 백일장에서 동상, 국립부산기계공고 한글날 백일장에서 2학년 3학년 연속 장원을 할 만큼 글발을 날렸다. 대학교 시절에도 각종 백일장에 입상을 하면서 글을 쓰는 문학도의 연줄을 이어갔다.

부친이 유산처럼 물려준 몰입으로 학령기 공부에서도 두각을 나타냈다. 조국 근대화의 기수를 내걸고 국가에서 세운 공고에 진학하는 쾌거를 이루었기 때문이다. 전국중학교에서 전교 성적이 5% 내 우등생을 교장추천으로 선형을 치른 공고의 입학은 가문의 영광이었다. 2,700명이 경연을 벌인 한글날 교내 백일장에서 장원을 두 번이나 한 일은 내 문학적 잠재력을 확인시켜 주면서 강한 문학적 성취를 지속하는 변곡점이 되었다.

학령기를 보내면서 별도로 글쓰기 심화공부를 한 적은 없었다. 초중고 문예반에 소속되어 글쓰기의 촉을 놓지 않고 연마 했고, 각종 글쓰기 대회마다 출전해 잠재된 문학적 끼를 발휘한 일이 전부였다. 내 글쓰기 힘은 수려하고 간략한 문장력과 사유의 깊이에 있다. 때 묻지 않는 순수한 감성이 뿌리를 내리고 있는 왕피천은 글쓰기의 모태가 되어 학령기 내내 문학 소년으로 명성을 떨치게 만들어 주었다.

4. 문학의 정체기였던 현대중공업 재직 38년

국립부산기계공고 졸업 후 현대중공업에 입사해 선박용 엔진을 만들었다. 오대양 육대주를 넘나드는 배를 움직이는 엔진을 만드는데 청춘을 바쳐 근무한 38년은 내 문학의 정체기였다. 특례군복무를 위한 현장부서 근무와 야간대학 학업은 내 문학적 기회를 송두리째 앗아갔다. 주경야독을 하면서 상상력을 탁마해 글을 쓰는 일은 어려웠다. 나 자신을 가장 잘 표현하는 글감이 많았지만 분주한 시간은 글을 쓸 기회를 허락하지 않았다. 넉넉한 자연과 왕피천에서 자란 순정한 감흥은 길을 잃고 방랑을 했다. 주야장천 춤을 연습하는 천국의 새처럼 주어진 본업에 충실했다.

그럼에도 담장에 열매로 희망을 얹는 호박처럼 문학적 본능이 일었다. 그 이유는 기획부서에 근무하면서 보고서용 글쓰기를 했기 때문이다. 기획 결과물을 생산해 보고서로 작성하면서 글쓰기를 이어간 것이다. 함축성과 논리를 중시하는 기획보고서 작성은 글쓰기 향상을 가져왔다. 설득과 전략을 위해 작성하는 기획보고서는 글쓰기의 꽃과 같은 존재였다. 또 회사 사보기자로 활동하면서 글짓기 감각을 잃지 않으려 노력했다. 각종 글쓰기 대회가 본능을 자극해 펜을 들게 했다. 회사에서 주관하는 문학상과 현대백일장, 각종 문학상 공모에 여러 번 입상해 감각을 유지했다. 공단문학상과 근로자 문화 예술제 입상은 내 문학적 입지를 높였다. 특히 울산상공회의소가 주관하는 대회는 수필, 소설, 시, 콩트에 모두 입상하는 저력을 발휘했다. 사보에는 당선된 내 작품이 자주 실려 이름을 알렸다.

문학단체 감투는 글쓰기를 강압했다. 회사 써클 '소붓문학회' 회장을 오래 했으며, '공단문학회' 초대회장을 역임해 문학의 끈을 이었다. 이 밖에도 두 아들을 키우며 가족신문 '완두콩과 홍삼원'을 만들어 전국대회 대상을 두 번 받았다. 부드러운 개입은 아이들 글쓰기와 정서함양, 창작력 향상에 기여했다. 또 오랜 지역 동창회 문학담당 감투와 4년간 동창회장, 4년의 산악회장을 역임과 18년 등산기 쓰기로 문학적 역량을 키워나갔다.

5. 신춘문예 당선으로 물꼬를 튼 인생 2막

4년 전, 회사를 퇴직하면서 학령기부터 태아처럼 몸속에 길러온 글쓰기를 본격적으로 시작했다. 회사 일에 전념하느라 명맥만 유지해 온 글쓰기였다. 학령기 이후 문학의 끈을 놓지 않고 길러온 태아가 세상에 나온 것이다.

퇴직 후 언양에 있는 오영수문학관에서 창작수업을 받았다. 수필가 홍억선 선생님 열강이 동기를 유발시켰다. 오래 갇혀있던 글쓰기 의욕이 스멀스멀 세상에 나와 관심을 종용했다. 문장력 향상은 기획물 작성실력을 접목했다. 보고서 작성 시 간략하고 집약했던 문장기술이 글쓰기 마중물이 되었다.

신춘문예 당선된 후 자세를 고치고 제대로 정립된 글쓰기에 몰입을 했다. 글쓰기는 18년을 쓴 산행후기가 큰 무기였다. 카페에 월 2회 발표한 글은 독자인 악우들의 열띤 호응을 이끌어냈다. 자연이 일러준 대로 글로 옮기고 나뭇가지 율동을 본떠 사유를 이끌어내 글쓰기를 지속하고 있다.

6. 명망 있는 작가를 꿈꾸며

글쓰기는 쉽지 않다. 제대로 된 작품을 쓰기는 오랜 수련을 해야 가능하다. 심화하지 않고 쓴 작품은 실망을 몰고 왔다. 얕은 인식과 부족한 형상화로 쓴 글은 동기를 저하시키는 주범이었다. 하루가 너무 짧게 여길 만큼 글쓰기에 주력했다. 글쓰기 수준 향상을 위해 문학상 공모에 응모해 능력 수준을 수시 점검했다. 실패한 작품은 문장의 온도가 낮았다. 실패는 반성과 오기를 유발시켰다. 잘된 글을 탐독해 글쓰기 기법을 익혔다. 심금을 울리는 글을 읽으며 내 식의 글쓰기에 몰입했다. 심오한 사유로 글쓰기를 광폭했다. 글쓰기 자신감이 단풍이 드는 속도로 눈에 보였다. 오랜 글쓰기 수련은 개울을 건너뛰게 했고, 숨이 벅차고 다리를 후들거리게 했다.

명망 있는 작가가 되기 위해 다시 여행을 나섰다. 내면을 거쳐 나온 글이 독자들의 감흥을 자극시키려고 새 옷을 입혀가고 있다. 수준 높은 문학상에 입상하고 실패하면서 글쓰기의 단점을 보완해 가며 작가의 길을 걷고 있다.

맑은 물을 나르는 왕피천은 여전히 사유의 윤슬을 내며 글을 낳을 것이다. 왕피천의 정기는 내 두뇌를 치유하고 영감을 채워 줄 것이다. 명민한 영감으로 쓴 글은 건강하고 아름다운 영혼을 선물해 줄 것이다. 독자들의 자아와 명징하게 교감하고 정서함양이 되기를 기다릴 것이다.

내 자아의 울림을 모아 펴낸 이 책이 독자의 가슴에 작은 감동을 줄 수 있다면 큰 보람으로 여길 것이다.

문향의 근육이 잡혀 있는 수필집

친구가 두 번째 수필집을 낸다니 기쁜 마음을 감출 수 없다. 그간 직장에서 생업을 하느라 오랫동안 서랍 속에 만년필을 놔두었다가 다시 잉크를 장전하기 시작하더니 전국에서 개최하는 이런저런 현상 응모에서 상을 휩쓸고 있다. 천부적 재능이 아니면 불가능한 일이다. 인생 후반에 글농사를 잘 짓는 그가 멋져 보일 뿐이다. 하늘이 준 재능을 사람의 노력이 넘을 수 없다. 그럼에도 친구는 자기를 성장시키기 위해 솔개처럼 낡은 부리와 발톱을 뽑는 고난을 자처한다. 그래서 이번 작품들도 편편이 걸작이다. 개성적 자기 고백과 격조, 섬세한 관찰과 묘사, 다 읽고 난 뒤에 감도는 여운, 사유의 매너리즘에 뿔을 들이대는 산양의 투혼이 엿보인다.

친구의 고향인 왕피천 물고기의 유선형 몸매처럼 유려한 문장들. 사색은 여울 위에 앉은 햇빛처럼 반짝반짝 빛나고 뜻은 검푸른 물속처럼 깊다. 그의 문장에는 문향의 근육이 잡히고, 밤새우며 내장을 짜낸 육수가 문장 고랑에 흥건하다. 많은 분들이 배재록의 문장을 만나 자기 변화의 혜안과 서정의 양식을 얻길 바란다.

– 공광규, 시인

인생에 대한 해답이 들어 있는 수필집

배재록의 수필은 다양한 영역을 두루 포섭하고 있다. 그중에서도 무엇보다도 두드러진 특징은 토포필리아의 세계가 펼쳐져 있다는 것이다. 그리고 이 작품집에는 인생이란 무엇인가에 대한 해답이 놓여 있다. 수필이 구원의 문학으로 새롭게 태어나야 할 이유는 이것으로도 충분하다. 배재록은 이런 현실을 정확히 지적하며 우리 인간들이 각자 자기 본연의 자세를 견지해야 한다는 것을 형상적 체험으로 설파한다. 인간이 나아가야 할 방향을 문예미학으로 성찰하게 한 시도는 이 수필집의 수준을 가늠해 보게 하는 단초가 된다고 하겠다.

어찌 이뿐이겠는가. 여러 작품을 통해 자기 성찰과 만족한 삶의 색깔을 드러내었으며, 세태풍자와 현실비판 그리고 삶의 교훈을 안겨주었으며, 수필적 생활에 대한 깊은 관심을 나타냈다. 기지와 유머가 번득이는 수필뿐만 아니라 일상에서 느낀 감정이 편린이 지성과 맞물려 크나큰 감동을 준다.

– 권대근, 문학평론가, 대신대학원대학교 교수